Frank Eggloff

Bilanzierung nach HGB, US-GAAP und IAS im Vergleich

Frank Eggloff

Bilanzierung nach HGB, US-GAAP und IAS im Vergleich

Eine praxisorientierte Einführung

GABLER

Die Deutsche Bibliothek – CIP-Einheitsaufnahme

Eggloff, Frank:
Bilanzierung nach HGB, US-GAAP und IAS im Vergleich : eine praxisorientierte Einführung / Frank Eggloff. – Wiesbaden : Gabler, 1999
ISBN 3-409-18949-1

1. Auflage 1999
Nachdruck 2000

Lektorat: Ulrike M. Vetter

Der Gabler Verlag ist ein Unternehmen der Bertelsmann Fachinformation GmbH.

www.gabler.de

Höchste inhaltliche und technische Qualität unserer Produkte ist unser Ziel. Bei der Produktion und Verbreitung unserer Bücher wollen wir die Umwelt schonen: Dieses Buch ist auf säurefreiem und chlorfrei gebleichtem Papier gedruckt. Die Einschweißfolie besteht aus Polyäthylen und damit aus organischen Grundstoffen, die weder bei der Herstellung noch bei der Verbrennung Schadstoffe freisetzen.

Satz: Fotosatz L. Huhn, Maintal
Druck und buchbinderische Verarbeitung: Wilhelm & Adam, Heusenstamm
Printed in Germany

ISBN 3-409-18949-1

Vorwort

Dieses Buch gibt einen ersten Einblick in die Unterschiede zwischen den verschiedenen Welten der Rechnungslegung. Es wendet sich vor allem an Praktiker, aber auch an Studenten.

Ein praxisorientierter Einstieg muß sich aufgrund der Fülle an Quellen und des Themenumfangs auf einen Schwerpunkt beschränken. Im Mittelpunkt steht daher der Vergleich zwischen den Rechnungslegungsvorschriften des deutschen Handelsgesetzbuches (HGB), den amerikanischen Generally Accepted Accounting Principles (US-GAAP) und den International Accounting Standards (IAS).

Mein Dank gilt all jenen, die mich in den vergangenen Jahren gefordert und gefördert und so zur Entstehung dieses Buches beigetragen haben: Prof. Gunther Schmelcher, ehemals FH Mainz – mit Vorlesungen, wie man sie sich als Student wünscht; Friedrich Carl Janssen, Arthur Andersen Düsseldorf – ohne seine Unterstützung wäre mein Aufenthalt in San Francisco nicht zustande gekommen; Thomas Hetmann, ehemals Arthur Andersen Düsseldorf – für meine erste Prüfung nach US-GAAP – und Achim Rottschäfer, Arthur Andersen Düsseldorf – ich weiß, „... es hätte schlimmer kommen können“.

Ein besonderer Dank geht an meine Eltern für die Unterstützung, Hilfe und Aufmerksamkeit, wann immer sie gebraucht wurden.

Beim Lesen wünsche ich viel Vergnügen und freue mich auf alle Anregungen und Kommentare.

Frank Eggloff

Inhalt

1. Einleitung

„Das Rechnungswesen wurde geschaffen als Werkzeug zum Messen wirtschaftlicher Aktivität“.[1] Seine Fortentwicklung in den verschiedensten Ländern führte unweigerlich zu unterschiedlichen Praktiken und Regelungen.

Heute stehen sich im wesentlichen zwei Rechnungslegungswelten gegenüber: die angelsächsische und die kontinentaleuropäische[2]. Während erstere geprägt ist vom *common law* (Gewohnheitsrecht) und dem sog. *case law*, das heißt Recht, auch Handelsrecht, wird fallweise entschieden und weiterentwickelt, richtet sich letzteres nach kodifiziertem (Handels-)Recht (*code law*), wie z. B. in Deutschland.

In Ländern mit „*code-law*-Tradition“ werden Handelsgesetze erlassen, meist stark orientiert an der Steuerbemessungsfunktion. In den USA und Großbritannien nimmt das Prinzip der kompletten Offenlegung einen hohen Stellenwert ein, was u.a. bedeutet, daß Jahresabschlüsse transparent und verständlich sein müssen. Die Regeln werden von den Berufsstandsvertretern weitestgehend selbst erstellt, und die Aufstellungen zur Steuererfassung erfolgen völlig getrennt.

Im Gegensatz zu den USA, wo Kapital meist am Markt, das heißt an der Börse besorgt wird, erfolgt die Finanzierung in europäischen Ländern und Japan in der Regel über Banken (Hausbankprinzip)[3], so daß der Informationsbedarf oft auf informellem Wege gedeckt wird und somit Offenlegung und Transparenz von untergeordneter Bedeutung sind.[4]

Kritisiert werden HGB-Abschlüsse vor allem wegen der Vielzahl von Wahlrechten, der Möglichkeit zur Bildung stiller Reserven und der steuerlichen Verzerrungen. Außerdem wird den nach deutschem Recht Bilanzierenden vorgeworfen, die Ertragslage zu verschleiern, und sie müssen sich Fragen nach dem Informationsgehalt ihrer Jahresabschlüsse gefallen lassen.[5] Weiter schreibt beispielsweise Küting: „Ohne zu verschweigen, daß das deutsche Bilanzierungssystem zweifelsfrei Vorzüge und verteidigungswürdige Grundprinzipien aufweist, weist es gegenüber dem angelsächsischen System doch die Problematik von Zielkonflikten auf.“[6] Er prangert hier vor allem die unterschiedlichen Ziele von handels- und steuerrechtlicher Gewinnermittlung an, die sozusagen gleichzeitig mit dem Ziel der Information der Unternehmenskoalitionäre gleichberechtigt verfolgt werden.

Das dramatische Wachstum international operierender Unternehmen in den letzten 25 Jahren führte dazu, daß ein Unternehmen im Extremfall in jedem Land, in dem es tätig ist, einen eigenen, speziellen Jahresabschluß erstellen muß. Außerdem beabsichtigen immer mehr Unternehmen im Zuge der Globalisierung des Kapitalmarktes, diesen zu nutzen und an internationalen Börsenplätzen Aktien zu emittieren.[7] Der Wettbewerb um das Kapital birgt zusätzliche Publizitätsforderungen.[8]

Beides spricht dafür, eine Rechnungslegungssprache zu schaffen, die international akzeptiert wird. Dies beabsichtigt das IASC seit 1973.

Noch 1988 führte die Studie des IASC „Survey of the Use and Application of the IAS" zu dem Ergebnis, daß Deutschland das Land mit der geringsten Konformität mit den IAS sei.[9] Dies wurde vor allem darauf zurückgeführt, daß es in Deutschland keine professionellen „Standard-Setters" wie z. B. in den USA das FASB gibt, so daß sich nur der Berufsstand der Wirtschaftsprüfer zur Zusammenarbeit mit dem IASC authorisiert fühlt, diese aber nur sehr zögerlich ausführt. Weder die Industrie noch der Verband der Wirtschaftsprüfer ist bereit oder in der Lage, für die Arbeit des IASC Personal oder Mittel bereitzustellen.[10] „Bisher konnte weder theoretisch noch praktisch bewiesen werden, daß die angloamerikanischen Rechnungslegungsgrundsätze zu besseren mikro- bzw. makroökonomischen Ergebnissen führen. Warum sollte dann nicht in verstärktem Maße versucht werden, für die deutsche Rechnungslegungsauffassung zu werben und sie auch in der Arbeit des IASC verstärkt einzubringen?", schreibt Haller noch 1993 in „Der Betrieb".

Anscheinend befindet sich die deutsche Bilanzierungswelt seither in einem Umwälzungsprozeß, denn in Deutschland wird die Diskussion um einen Jahresabschluß nach US-GAAP, nach IAS, dual oder HGB plus US-GAAP seit einigen Jahren kontrovers diskutiert.[11] (Der konservativste IAS-Abschluß entspricht US-GAAP.[12] Ist es dann überhaupt sinnvoll, nach IAS zu bilanzieren? Der interessanteste und begehrteste Börsenplatz ist immer noch die NYSE – wäre die Rechnungslegung nach US-GAAP der bessere Weg?)

Nicht nur aus o. g. Gründen, sondern auch zum Zwecke der Vereinheitlichung der Erfolgsmaßstäbe und nicht zuletzt zur besseren Selbstdarstellung erwägen viele Unternehmen den Wechsel oder die duale Bilanzierung[13]. Das Kapitalaufnahmeerleichterungsgesetz, welches vom Kabinett am 11.12.1996 beschlossen wurde, kam also nicht unerwartet.

Es besagt, daß deutsche Mutterunternehmen vom Abschluß gemäß § 290 HGB befreit werden können, wenn ein nach ausländischen Vorschriften erstellter Abschluß zur Inanspruchnahme des ausländischen Kapitalmarktes (§ 292a HGB) erforderlich ist.

Vor allem soll durch das Gesetz auch die sog. Inländerdiskriminierung beseitigt werden, die darin besteht, daß „Tochtergesellschaften ausländischer Konzerne Jahresabschlüsse nach internationalem Standard aufstellen und publizieren dürfen und auch an inländischen Börsen zugelassen werden, während deutsche Unternehmen, die z. B. auf dem US-Kapitalmarkt agieren wollen, zwei getrennte Konzernabschlüsse – einen nach dem Handelsgesetzbuch (HGB) sowie einen nach US-GAAP – erstellen müssen."[14]

Als Voraussetzung für die Inanspruchnahme des Kapitalaufnahmeerleichterungsgesetzes wird die Zulassung gefordert zum Börsenhandel, Freiverkehr oder organisierten Markt von

- Aktien, Aktienzertifikaten
- Schuldverschreibungen, Genußscheinen
- Optionsscheinen oder vergleichbaren Wertpapieren
- Derivaten.

Folgende Anforderungen werden gestellt:

- Der Abschluß muß sich im Einklang mit der 7. EG-Richtlinie befinden.[15]
- Die Aussagekraft des Abschlusses muß mindestens gleichwertig sein.
- Die Abweichungsmethoden müssen erläutert werden.
- Der Abschlußprüfer (§ 318 HGB) muß bestätigen, daß die Befreiungsvoraussetzungen vorliegen.

„Es liegt auf der Hand, daß die Bundesregierung und der Gesetzgeber überfordert sein werden, wenn es dazu kommen sollte, daß die Rechnungslegung aus Kapitalmarktgründen (wie in den USA, Anm. des Verfassers) auch in Deutschland stets auf dem neuesten Stand der Technik gehalten werden muß. Dies kann auch Aufsichtsbehörden nicht zugemutet werden. Es wird daher notwendig sein, nach dem Vorbild von FASB (USA), ASB (VK) oder FER (Schweiz) ein Standardisierungsgremium zu schaffen, dem es nach dem Vorbild des Vertrages mit dem deutschen Institut für Normung obliegt, die Standardisierung der Rechnungslegung durchzuführen.", resümiert Biener in der Deutschen Steuerzeitung vom 01. Juni 1997.

In diesem Buch liegt der Schwerpunkt auf der Darstellung der IAS. Es werden die Unterschiede zu HGB und US-GAAP aufgezeigt, jedoch nicht vertieft, sondern lediglich umrissen und am Ende synoptisch gegenübergestellt, da diese beiden Systeme als im Prinzip bekannt vorausgesetzt werden.

2. Wesentliche Unterschiede zwischen HGB, IAS und US-GAAP

2.1 Grundsätzliches zu den Rechnungslegungsvorschriften

2.1.1 HGB

Das Bürgerliche Gesetzbuch BGB und das Handelsgesetzbuch HGB, welche beide am 01. Januar 1900 in Kraft traten, stellen die grundsätzlichen Kodifikationen der deutschen Privatrechtsordnung dar.

Das Bilanzrichtliniengesetz als drittes Buch des HGB bildet die gesetzliche Grundlage für den Jahresabschluß. Danach hat dieser für Kaufleute allgemein aus

- Bilanz (§ 266 ff.) und
- Gewinn- und Verlustrechnung, GuV (§ 275 ff.) zu bestehen; Kapitalgesellschaften müssen zusätzlich noch aufstellen:
- Anhang (§ 284 ff.)
- Lagebericht (§ 289)

Weitere gesetzliche Kodifizierungen sind niedergelegt im GmbH-Gesetz, dem Aktiengesetz und dem Publizitätsgesetz. Die Frage nach der Buchführungspflicht an sich ist ebenfalls gesetzlich geregelt und zwar in dem § 238 ff. des HGB.

Die enge Verflechtung der deutschen Steuergesetzgebung mit dem Handelsrecht drückt sich im sog. Maßgeblichkeitsprinzip bzw. der umgekehrten Maßgeblichkeit aus; eine nähere Erläuterung dieses Umstandes führt weit in den Bereich des Einkommensteuergesetzes, welches nicht im Thema dieser Arbeit enthalten ist.[16] Es läßt sich hieraus jedoch auch leicht erkennen, daß einer der wichtigsten Adressaten des Jahresabschlusses neben den Eignern, den Banken und der Öffentlichkeit, der Fiskus ist.

Aus den Kommentierungen zu den Gesetzen und aus der betrieblichen Praxis haben sich die „Grundsätze ordnungsgemäßer Buchführung“, die sog. GoB entwickelt, die ein Regelwerk bilden, welches die gesamte Rechnungslegung umfaßt. Die GoB bestehen aus den GoB i. e. S., den GoI (Grundsätze ordnungsgemäßer Inventur), den GoS (Grundsätze ordnungsgemäßer Speicherbuchführung) und den GoBil (Grundsätze ordnungsgemäßer Bilanzierung).

Die GoBil fußen auf dem Identitätsprinzip, dem Grundsatz der Unternehmensfortführung, dem Einzelbewertungsprinzip, dem Vorsichtsprinzip, dem Abgrenzungsprinzip und dem Grundsatz der Bewertungsstetigkeit. Unter dem Vorsichtsprinzip nach § 252 HGB, das eine zentrale Rolle spielt, sind vier Bewertungsmaßstäbe zusammengefaßt: Das Realisations- und das Imparitätsprinzip, sowie das Niederstwert- und das Höchstwertprinzip.

Die allgemeinen Bewertungsvorschriften werden in den §§ 252 – 256 des HGB behandelt, die Spezialvorschriften für Kapitalgesellschaften in den §§ 279 – 283 HGB. Es gilt das strenge Niederstwertprinzip auf Basis der Anschaffungs- oder Herstellungskosten. Diese stellen die oberste Bewertungsgrenze dar.

2.1.2 IAS

Den Unterbau des zweistufigen Regelwerkes aus Sollvorschriften bildet IASCs *Framework for the Preparation and Presentation of Financial Statements*, im weiteren kurz *framework* genannt, welches als Grundlage für die Entwicklung neuer Standards dient sowie zur Klärung von Fragen herangezogen wird, die nicht explizit in den IAS geregelt sind.

Es lehnt sich eng an das *Conceptual Framework* des FASB der USA an.

Die IAS nehmen zu Einzelfragen der Rechnungslegung Stellung; als „lex specialis" haben sie im Kollisionsfall Vorrang vor den Bestimmungen des *framework.*

Teilweise lassen sie Wahlrechte zu, was jedoch zunehmend eingeschränkt wird zugunsten des sog. *Benchmark Treatment* („Maßstäbe setzen"), wobei alternative Methoden geduldet werden, die meist aber zusätzliche Offenlegungspflichten nach sich ziehen.

Die Grundaspekte der Rechnungslegung sind sowohl im *framework* als auch teilweise in älteren, z.Z. schon wieder zur Überarbeitung anstehenden, IAS besprochen. Dies liegt im *Case-Law*-Prinzip (Rechtsprechung auf Präzedenzfällen beruhend) des angelsächsischen Rechtsraumes begründet, so daß die IAS keiner einheitlichen Systematik folgen, was durch die Schaffung eines geschlossenes Regelwerkes, dem *Core Set of Standards,* bis März 1998 gelöst werden soll.

Nach IAS 1 *revised*, der erst im September 1997 aus E 53 hervorging[17], besteht der Jahresabschluß aus

- Balance Sheet – Bilanz
- Income Statement – Gewinn- und Verlustrechnung
- Statement of Non-owner Movements in Equity – Ausweis der erfolgsneutralen Eigenkapitalveränderungen
- Cashflow Statement – Kapitalflußrechnung
- Notes – Anhanginformation

Als Rechnungslegungsadressaten werden im *framework* Anteilseigner, Darlehensgeber, Lieferanten, Arbeitnehmer, Kunden, Staat und Öffentlichkeit genannt. Die Orientierung an den Bedürfnissen der (potentiellen) Aktionäre spielen die Hauptrolle, wie aus der angel-sächsischen Rechnungslegungswelt bekannt. Ziel ist es, Informationen über die finanzielle Lage, die *performance* (Leistung) und Veränderungen der finanziellen Lage eines Unternehmens zu liefern, die nützlich für wirtschaftliche Entscheidungen sind (*decision-usefulness*-Ansatz).[18] Grundsätzlich ist auf die durchschnittliche Sachkenntnis des Bilanzlesers abzustellen.

Systemgrundsätze sind übergeordnet *going concern* (Unternehmensfortführung), das bereits im *framework* genannt ist und in IAS 1 *revised* nun als verpflichtende Prämisse herausgestellt wurde, und *accrual basis* (Periodisierung), das heißt Erfolgswirksamkeit der Ein- und Auszahlungen in den Perioden, denen sie wirtschaftlich zugehören.

Unter das allgemeine Abgrenzungskonzept *accrual* sind das *realisation principle* (Realisationsprinzip), das *matching principle* (Grundsatz der sachlichen Abgrenzung) und auch die *deferral*s (Ansätze zur Verteilung zeitraumbezogener Aufwendungen und Erträge) zu subsumieren.[19]

In IAS 1 *revised* wird im Zusammenhang mit *going concern* besonders auf die Ereignisse zwischen Bilanzstichtag und Bilanzfeststellung eingegangen. Grundsätzlich sind die Verhältnisse am Bilanzstichtag maßgebend, wertaufhellende Tatsachen dürfen jedoch auf keinen Fall vernachlässigt werden.

Als sog. qualitative Merkmale der Rechnungslegung konkretisieren die Forderungen nach *relevance* (Erheblichkeit), *reliability* (Zuverlässigkeit), *comparability* (Vergleichbarkeit) und *understandability* (Verständlichkeit) den *decision-usefulness* Ansatz, wobei im Zweifel *reliability* maßgeblich bleibt. Dessen wichtigste Unteraspekte sind *prudence* (Vorsicht) und *substance over form* (wirtschaftliche Betrachtungsweise).

Die im *framework* aufgeführten Bewertungsmaßstäbe *historical cost* (historische Kosten), *current cost* (Wiederbeschaffungswert), *realisable/ settlement va-*

lue (Veräußerungswert/ Rückzahlungsbetrag) und *present value* (Gegenwartswert), die in IAS 16 aufgeführten *fair value* (beizulegender Wert) und *recoverable amount* (erlösbarer Betrag) zur Bewertung des Sachanlagevermögens und der *market value* (Marktwert) zur Bilanzierung von Finanzinvestitionen und Finanzinstrumenten vermitteln keine geschlossene Bewertungskonzeption.

Diese soll sich erst im Laufe der internationalen Praxis entwickeln.

IAS 1 *revised* verpflichtet beim Erstellen des Jahresabschlusses zur *fair presentation* (getreue Darstellung), das heißt alle IAS zu befolgen und eventuelle Abweichungen minutiös aufzuklären.

Der *true and fair view* ist nicht als eigenständiger Grundsatz formuliert, sondern das IASC geht davon aus, daß nach den IAS erstellte Jahresabschlüsse einen „wahren und ehrlichen Einblick" gewähren.

Da momentan noch keine eindeutige Auslegungsweise vorhanden ist, verweist IAS 1 *revised* im Falle von nicht eindeutig zu klärenden Fragen auf

- IAS, die sich mit ähnlichen Sachverhalten befassen
- Entwürfe des IASC
- Bestimmungen des *framework*
- branchenübliche Verfahrensweisen

Weiter fordert dieser Standard eine klare und präzise Darstellung der angewandten Grundsätze, zusammengefaßt an einer Stelle des Finanzberichtes, nicht über diverse Fußnoten verteilt.

Zum besseren Vergleich soll *comparative information* (Vergleichszahlen zumindest des Vorjahres) zur Verfügung gestellt werden.

2.1.3 US-GAAP

In der anglo-amerikanischen Bilanzierungswelt spielen die *Generally Accepted Accounting Principles* der USA, kurz US-GAAP, die führende Rolle. Aufgrund des *case law* Prinzips, das heißt des Einzelfallrechts, welches in der angelsächsischen Rechtstradition fest verwurzelt ist, besteht auch im Handelsrecht lediglich ein Rahmen, ein Gerüst. Die wenigsten Bilanzierungsvorschriften sind überhaupt gesetzlich kodifiziert; die US-GAAP entstehen aus der Zusammenarbeit von FASB, die eine private Fachorganisation ist, AICPA, den wirtschaftsprüfenden Berufsverbänden und SEC, der Börsenaufsicht.

Die maßgeblichen SEC Normen sind S-X und S-K, die die Form des Jahresabschlusses, seinen Inhalt und seine Prüfung festlegen, außerdem die *Accounting Series Releases (ASR)* als Ergänzung. Die Umsetzung in detaillierte Bestimmungen erfolgt durch das FASB, welches die SFAS erläßt, die durch *interpretations* und sog. *technical bulletins* ergänzt werden.

Es besteht in den USA keine gesetzliche Pflicht zur Offenlegung, jedoch verlangt SEC die Prüfung und Publizität der Unternehmen, die Wertpapiere an der Börse emittieren. Dies bedeutet, daß die US-GAAP für Publikumsgesellschaften verbindlich sind. Da die Wirtschaftsprüfer in den USA verpflichtet sind, bei freiwilligen Prüfungen ebenfalls GAAP-Maßstäbe anzulegen, kann von den US-GAAP als allgemeinverbindlichen Rechnungslegungsvorschriften der USA gesprochen werden.[20]

Handelsbilanz und Steuerbilanz sind in den USA wesentlich weniger verbunden als in Deutschland. Der Grundsatz der Maßgeblichkeit und die umgekehrte Maßgeblichkeit sind so gut wie unbekannt, weshalb die Bilanzierung latenter Steuern einen weitaus höheren Stellenwert genießt. Die Sachverhalte, für die latente Steuern zu erfassen sind, unterscheiden sich; für steuerlich realisierbare Verlustvorträge müssen latente Steuern ausgewiesen werden (der potentielle Steuerentlastungseffekt wird also aktiviert) und es besteht eine Bilanzierungspflicht für aktivische wie passivische latente Steuern.

Die US-GAAP sind zunächst auf den Investor als relevante Instanz bezogen. Dies liegt darin begründet, daß sich US-Firmen in der Regel über den Kapitalmarkt finanzieren. Dem Investor also, besonders auch dem potentiellen, soll entscheidungsrelevante Information zugänglich gemacht werden, was den *decision-usefulness*-Ansatz beschreibt. Diese Information soll einer *fair presentation* genügen, das heißt einen möglichst klaren, sicheren Einblick in die finanzwirtschaftliche Lage des Unternehmens gewähren.

Als dominierendes Prinzip der US-GAAP gilt das *accrual principle*, die periodengerechte Erfolgsermittlung.[21] Das Vorsichtsprinzip, welches in Deutschland die tragende Rolle spielt, ist diesem untergeordnet. Während sich in Deutschland das Realisationsprinzip aus dem Vorsichtsprinzip ableitet, eröffnet es neben dem *matching principle* (sachliche Abgrenzung) in den USA wichtige bilanzpolitische Spielräume.

Die in Deutschland üblichen Wahlrechte widersprechen dem US-Prinzip der *fair presentation* und werden deshalb grundsätzlich nicht gewährt.[22]

Tendenziell läßt sich in den USA eine progressive Bilanzpolitik beobachten, schreiben Küting/ Eidel in einem vergleichenden Artikel[23], das heißt, die Unternehmen versuchen, Gewinne künftiger Perioden in die laufende Periode vorzuverlagern, während in Deutschland eher die Neigung besteht, konservativ zu bilanzieren, also stille Reserven zu bilden bzw. aufzulösen.

Bilanzpolitik wird hier wie dort betrieben, in den USA vor allem durch das Ausnutzen von Ermessensspielräumen und die Gestaltung von bilanziell relevanten Sachverhalten. Insbesondere die *deferred charges* sind in diesem Zusammenhang ins Gerede gekommen als „dumping ground" für immer neue Aufwendungen.[24]

Der Geschäfts- oder Firmenwert aus Kapitalkonsolidierung kann nach HGB auf dreierlei Art behandelt werden, was bilanzpolitisch äußerst interessant sein kann, während die US-GAAP lediglich die Möglichkeit der Abschreibung über die Nutzungsdauer, maximal über 40 Jahre, erlauben.

Wesentliche Unterschiede im Zahlenwerk eines Jahresabschlusses nach HGB bzw. nach US-GAAP findet man nicht so sehr im Jahresüberschuß, sondern vielmehr in den stark voneinander abweichenden Eigenkapitalwerten. So klafften die Werte für den Konzernjahresüberschuß im Jahr der Umstellung von HGB auf US-GAAP bei der Daimler-Benz AG 1993 zwar weit auseinander, im darauffolgenden Geschäftsjahr waren sie jedoch beinahe identisch.[25] Allerdings bezieht sich diese Feststellung auf die Abschlüsse desselben Unternehmens. Der Grund für die niedrigere Eigenkapitalquote deutscher Abschlüsse liegt vor allem in der umgekehrten Maßgeblichkeit der Steuer- für die Handelsbilanz.

Aufgrund neuer Bilanzierungsvorschriften sank in jüngerer Vergangenheit der Eigenkapitalanteil US-amerikanischer Unternehmen, so daß sie sich zunehmend an die deutschen Werte annähern.[26]

2.2 Gegenüberstellung der wesentlichen Abweichungen

2.2.1 Assets – Vermögensgegenstände

2.2.1.1 ... nach HGB

Eine Definition für den Begriff „Vermögensgegenstand" fehlt im HGB; sie leitet sich aus den GoB ab und umfaßt demnach laut Coenenberg „nicht nur Sachen und Rechte im bürgerlich-rechtlichen Sinn, sondern ganz allgemein

wirtschaftliche Werte, die
selbständig bewertbar und
selbständig verkehrsfähig, das heißt einzeln veräußerbar sind."[27]

§ 266 II HGB untergliedert die Hauptpositionen Anlage- und Umlaufvermögen.

2.2.1.2 ... nach IAS

Der Begriff *asset* wird im *framework* so beschrieben, daß die Kriterien des deutschen Vermögensgegenstandes zwar einzuordnen sind, jedoch geht die Umschreibung darüber hinaus.

Alle Vermögenswerte nämlich, die dem Unternehmen zuzurechnen sind und die in der Vergangenheit Kosten verursacht haben, dürfen aktiviert werden, wenn zu erwarten ist, daß dem Unternehmen künftig Erträge zufließen, die zumindest diese Kosten decken. Die Kosten müssen eindeutig zuzuordnen und die Erwartungshaltung in Bezug auf die künftigen Erträge muß fundiert sein, das heißt der Zufluß muß wahrscheinlich sein (E 50).

2.2.1.3 ... nach US-GAAP

Die Rahmenrichtlinien bezeichnen ein *asset* als einen wahrscheinlichen künftigen wirtschaftlichen Vorteil, der aus einem vergangenen Ereignis resultiert und dem Unternehmen zufließt oder zu seiner Verfügung steht. Folgende Charakteristika werden benannt:

- das *asset* wird zukünftig zu Nettoeinzahlungen führen oder dazu beitragen
- das Unternehmen erhält o.g. Vorteile oder kontrolliert den Zugang Dritter zu diesen
- das *asset* wurde in der Vergangenheit geschaffen

Diverse Einzelregelungen, besonders die Aktivierung von *intangible assets* betreffend, schränken obige Definition ein, so daß sich schlußendlich das US-amerikanische *asset* und der deutsche Vermögensgegenstand weit ähnlicher sind, als das IAS *asset* und das deutsche Pendant.

Die Aktivierungskriterien sind die gleichen wie bei IAS.

2.2.2 Property, plant and equipment – Sachanlagen

2.2.2.1 ... nach HGB

Nach § 247 II HGB besteht Aktivierungspflicht für alle materiellen Vermögensgegenstände, die dazu bestimmt sind, dem Geschäftsbetrieb dauernd zu dienen. Der Ansatz sog. Bilanzierungshilfen, z.B.. Aufwendungen für die Ingangsetzung und Erweiterung des Geschäftsbetriebes, ist erlaubt (§ 269 HGB). Verboten hingegen bleibt die Aktivierung von Aufwendungen für die Gründung des Unternehmens und die Beschaffung des Eigenkapitals (§ 248 I HGB).

Die Bewertungsobergrenze für Sachanlagen bilden die Anschaffungs- oder Herstellungskosten. Die Abschreibungen (planmäßige und außerplanmäßige) regelt § 253 II HGB, aktivierter Aufwand für die Ingangsetzung und Erweiterung des Geschäftsbetriebes sind laut § 282 HGB im Folgejahr zu mindestens 25 Prozent abzuschreiben.

2.2.2.2 ... nach IAS

Es gilt IAS 16, die Definition stimmt mit der für *assets* überein. Die Aktivierung erfolgt mit Vollkosten zu Anschaffungs- oder Herstellungskosten (*benchmark*), alternativ ist die Neubewertung mit dem *fair value* erlaubt.

Standardisierte Nutzungsdauertabellen wie die deutschen „Afa-Listen" sind unbekannt; für jeden Gegenstand ist die Nutzungsdauer einzeln zu ermitteln und zwar entweder als Zeitspanne der voraussichtlichen Nutzung durch das Unternehmen oder in Anzahl von Produktionseinheiten. Außerplanmäßige Abschreibungen sind vorzunehmen, wenn der erlösbare Betrag unter den Buchwert fällt. Es existiert ein Wertaufholungsgebot.

Im Falle von langfristiger Fertigung ist gemäß IAS 11 die Gewinnrealisierung nach Leistungsfortschritt vorzunehmen (*percentage-of-completion-method*). Dafür gelten folgende Voraussetzungen:

- Die volle Vergütung des Auftrages kann erwartet werden.
- Die eindeutige Identifikation und verläßliche Erfassung der auftragsbezogenen Kosten ist gewährleistet.
- Die zuverlässige Ermittlung von Erträgen, Gesamtkosten und Fertigungsstand ist gegeben.

Sollten die Erträge nicht zuverlässig ermittelt werden können, dürfen nur Beträge bis in Höhe der bis dato entstandenen Aufwendungen vereinnahmt werden. Drohende Verluste sind sofort erfolgswirksam zu berücksichtigen.

2.2.2.3 ... nach US-GAAP

Sachanlagen sind alle *assets*, die dazu bestimmt sind, dem Unternehmen länger als ein Geschäftsjahr bzw. einen *operating cycle* zu dienen.

Zu bewerten ist ausschließlich mit den historischen Anschaffungs- oder Herstellungskosten, wobei Fremdkapitalkosten gemäß FAS 34 aktivierungspflichtig sind.

Ebenso wie nach den IAS ist auch nach US-GAAP die *percentage-of-completion-method* anzuwenden.

2.2.3 Intangible assets – Immaterielle Vermögensgegenstände

2.2.3.1 ... nach HGB

Der Posten „Immaterielle Vermögensgegenstände" bildet den ersten Unterpunkt des Anlagevermögens (§ 266 II HGB). Nach § 248 II HGB besteht ein Aktivierungsverbot für alle nicht entgeltlich erworbenen Vermögensgegenstände des Anlagevermögens. Demnach und aus § 246 I HGB (Vollständigkeitsgebot) folgt, daß entgeltlich erworbene immaterielle Vermögensgegenstände des Anlagevermögens aktiviert werden müssen. Bezüglich des derivativen Geschäfts- oder Firmenwertes besteht gemäß § 255 IV HGB ein Ansatzwahlrecht.

2.2.3.2 ... nach IAS

Es ist die Definition für *assets* gültig. Es besteht Aktivierungspflicht mit Ausnahme des originären Goodwill. Forschungskosten sind direkt als Periodenaufwand zu behandeln, Entwicklungskosten unter bestimmten Voraussetzungen zu aktivieren. (s. Pkt. 4.1.)

2.2.3.3 ... nach US-GAAP

Auch hier gilt die Definition für *assets*. Für bestimmte selbsterstellte immaterielle Vermögensgegenstände besteht ein Ansatzwahlrecht, beispielsweise auch für Geschäftsgeheimnisse, Gründungskosten, Kosten der Inbetriebnahme oder Wettbewerbsverbote (APB 17).

Die Abschreibungsdauer soll über die wahrscheinliche Nutzungszeit verteilt werden, darf aber höchstens 40 Jahre betragen, außerplanmäßige Abschreibungen im Falle von Wertminderungen sind vorzunehmen.

Aktivierungsverbot gilt für Forschungs- und Entwicklungskosten (FAS 2), jedoch dürfen Entwicklungskosten für Software unter bestimmten Bedingungen aktiviert werden (FAS 86).

Originärer Firmenwert darf nicht, derivativer muß aktiviert werden.

2.2.4 Investments in associates – Beteiligungen

2.2.4.1 ... nach HGB

Beteiligungen definiert § 271 I HGB als „Anteile an anderen Unternehmen, die bestimmt sind, dem eigenen Geschäftsbetrieb durch Herstellung einer dauernden Verbindung zu jenen Unternehmen zu dienen.“ Eine Beteiligungsvermutung gilt demnach ab einem Anteil von mehr als 20 Prozent am Nennkapital der Gesellschaft.

Grundsätzlich sind die Bilanzposten des Finanzanlagevermögens mit den Anschaffungskosten zu aktivieren. Ein niedrigerer beizulegender Stichtagswert darf gewählt werden (§ 253 II i.V.m. § 279 I HGB).

2.2.4.2 ... nach IAS

Im Einzelabschluß werden Beteiligungen an Konzernunternehmen nach der Equity – Methode (Ansatz mit dem anteiligen Eigenkapital am Beteiligungsunternehmen) zu Anschaffungskosten oder zum Neubewertungsbetrag angesetzt (IAS 27), gleiches gilt für assoziierte Unternehmen (IAS 28).

2.2.4.3 ... nach US-GAAP

Gemäß APB 18 sind Beteiligungen an nicht konsolidierten Tochterunternehmen und assoziierten Unternehmen nach der Equity-Methode zu bewerten.

Andere Beteiligungen richten sich nach den geltenden Vorschriften für Wertpapiere.

2.2.5 Financial assets – Finanzinstrumente(-anlagen)

2.2.5.1 ... nach HGB

Nach § 266 II bilden die Finanzanlagen den dritten Unterpunkt des Anlagevermögens, wobei wiederum eine Aufteilung in Daueranlagen (Anteile an verbundenen Unternehmen, Beteiligungen, Wertpapiere des Anlagevermögens) und Ausleihungen (Ausleihungen an verbundene Unternehmen, Ausleihungen an Unternehmen, mit denen ein Beteiligungsverhältnis besteht, sonstige Ausleihungen) vorgenommen wird.

Die Bilanzierungsvorschriften regeln die §§ 247 II, 253 I, 271 und 279 I HGB; grundsätzlich ist zu Anschaffungskosten zu aktivieren. Bei dauerhafter Wertminderung darf auf den niedrigeren beizulegenden Wert abgeschrieben werden.

Primäre Finanzinstrumente, zu denen laut IAS Definition Forderungen, Verbindlichkeiten und auch das Eigenkapital zählen, werden vom dritten Buch des HGB erfaßt und ihre Bilanzierung festgelegt.

Es fehlt eine spezielle Regelung bezüglich derivativer Finanzinstrumente. Darunter versteht man Verträge, die den Vertragspartnern das Recht sichern, bei Abschluß oder bei Eintritt eines bestimmten Ereignisses an den Preisänderungen eines Basisobjektes zu partizipieren. Als Basisobjekt fungieren z.B. Fremdwährungen, Aktien, Waren, Zinssätze und dergleichen. Es ist nicht nötig, daß eine der beiden Vertragsparteien das Basisobjekt tatsächlich besitzt oder zum Fälligkeitstermin liefert.[28]

In den USA wird die Meinung vertreten, daß derivative Finanzinstrumente als *assets* oder *liabilities* bilanzierungspflichtig sind; dagegen fallen sie gemäß der deutschen Rechnungslegung in der Regel unter die Rubrik „schwebende Geschäfte", die grundsätzlich nicht bilanziert werden.[29]

2.2.5.2 ... nach IAS

Ein Finanzinstrument wird in IAS 32 beschrieben als Vertrag, der den einen Vertragspartner zum Eigentümer eines *financial asset* macht und dem anderen Vertragspartner eine *financial liability* auferlegt oder einen Eigenkapitaltitel einräumt. Bilanzierung und Bewertung sind jedoch nicht geregelt; ein spezieller IAS soll im nächsten Jahr verabschiedet werden.

Financial assets sind

- flüssige Mittel,
- der Rechtsanspruch, ein *financial asset* auf vertraglicher Grundlage zu erhalten,
- der Anspruch, ein Finanzinstrument mit einem anderen Unternehmen zu tauschen,
- ein Eigenkapitaltitel eines anderen Unternehmens.

Financial liabilities sind

- Verpflichtung zur Leistung flüssiger Mittel oder anderer *financial assets*,
- Verpflichtung zum Austausch von Finanzinstrumenten mit möglichen Nachteilen für das leistende Unternehmen.

Primäre Finanzinstrumente sind Forderungen, Verbindlichkeiten und Eigenkapitaltitel, zu den derivativen Finanzinstrumenten zählen Optionen, Financial Futures und Swaps.

2.2.5.3 ... nach US-GAAP

Es existiert keine spezielle Empfehlung, jedoch werden Fremdwährungsinstrumente in FAS 52, Futures in FAS 80 und Optionen im sog. *issue paper* 86 des AICPA behandelt. Die EITF hat außerdem mehrere Stellungnahmen zur Behandlung von Derivaten herausgegeben; trotzdem werden viele weiterhin *off balance sheet* geführt.[30] Die FAS 105, 107, 119 regeln die Angabepflichten zu den *financial instruments*.

Die Bewertung von Wertpapieren diktiert sehr detailliert FAS 115.

Es werden unterschieden

- *trading securities*, die zum baldigen Weiterverkauf bestimmt sind,
- *available-for-sale-securities*, die eine Liquiditätsreserve darstellen,
- *held-to-maturity-securities*, die bis zur Fälligkeit gehalten werden.

2.2.6 Accounting for leases – Leasing

2.2.6.1 ... nach HGB

Handelsrechtliche Verfahrensweisen gibt das deutsche Recht nicht vor; privatrechtlich wird das Leasing den juristischen Konfigurationen Kauf und Miete zugeordnet. in der Regel wird in der Praxis nach dem Steuerrecht verfahren[31].

2.2.6.2 ... nach IAS

IAS 17 unterscheidet zwischen *operating* und *financial lease*, wobei die Vertragsgestaltung bzw. dessen wirtschaftliche Tendenz ausschlaggebend ist. (s. Pkt. 4.4.)

2.2.6.3 ... nach US-GAAP

Mehrere FAS beschäftigen sich mit dem Leasing (13, 28, 98), wobei zwischen *operating* und *capital lease* unterschieden wird.

Eine von folgenden Voraussetzungen ist zu erfüllen, damit von *capital lease* gesprochen werden kann:

- der Leasinggegenstand geht mit Vertragsende in das Eigentum des Leasingnehmers über,
- der Vertrag enthält eine vorteilhafte Kaufoption für den Leasingnehmer,
- die Vertragsdauer entspricht mindestens 75 Prozent der wirtschaftlichen Nutzungsdauer des Leasinggegenstandes,
- der Barwert der Leasingraten beträgt mindestens 90 Prozent des Verkehrswertes des Leasinggegenstandes zu Beginn der Laufzeit.

Wesentlich häufiger als in Deutschland spricht man in den USA von Finanzierungsleasing.

Derzeit wird im FASB diskutiert, ob ein völlig neuer Ansatz zur Erfassung von Leasingverträgen, der keine Klassifizierung in *operating* bzw. *capital lease* mehr vornimmt, sondern entsprechend SFAC 6 die Verträge den Aktiva bzw. Passiva zuordnet, ratifiziert werden soll. [32]

2.2.7 Liabilities – Schulden

2.2.7.1 ... nach HGB

Schulden werden allgemein definiert als

1. bestehende oder hinreichend sicher erwartete Belastungen des Vermögens,

2. die auf einer rechtlichen oder wirtschaftlichen Leistungsverpflichtung des Unternehmens beruhen und
3. selbständig bewertbar, das heißt als solche abgrenzbar und z.B. nicht nur Ausfluß des allgemeinen Unternehmerrisikos sind.[33]

Insbesondere umfaßt der handelsrechtliche Schuldenbegriff neben den Verbindlichkeiten auch die Rückstellungen.

2.2.7.2 ... nach IAS

Gemäß *framework* sind *liabilities* gegenwärtige Verpflichtungen eines Unternehmens gegenüber Dritten, die auf einem Ereignis in der Vergangenheit beruhen und wahrscheinlich zum Abfluß von *assets* führen oder Serviceleistungen an Dritte bedingen. Auch Rückstellungen gelten als *liabilities*.

Da das Imparitätsprinzip nicht von Bedeutung ist, gelten für die Passivierung analog die Regelungen für die Aktivierung von *assets*.

2.2.7.3 ... nach US-GAAP

Im Prinzip entsprechen sich die Regelungen von US-GAAP und IAS.

2.2.8 Provisions-Rückstellungen

2.2.8.1 ... nach HGB

§ 249 HGB regelt explizit den Anwendungsbereich von Rückstellungen. Es heißt hier, daß Rückstellungen für ungewisse Verbindlichkeiten und drohende Verluste aus schwebenden Geschäften zu bilden sind. Ferner besteht eine Passivierungspflicht für bestimmte unterlassene Instandhaltungsaufwendungen und Gewährleistungsverpflichtungen.

Ein Wahlrecht besteht für andere Instandhaltungsaufwendungen und „für ihrer Art nach genau umschriebene, dem Geschäftsjahr oder einem früheren Geschäftsjahr zuzuordnende Aufwendungen ..., die am Abschlußstichtag wahrscheinlich oder sicher, aber hinsichtlich ihrer Höhe oder des Zeitpunktes ihres Eintrittes unbestimmt sind." Diese Formulierung muß sich international viel Kritik gefallen lassen. Verboten sind andere als oben beschriebene Rückstellungen.

Außerdem ermöglicht bzw. befiehlt das Vorsichtsprinzip (§ 252 I HGB), einer der Dreh- und Angelpunkte der deutschen Bilanzierungswelt, das Bilden diverser Rückstellungen. Beispielsweise verlangt eine der beiden inhaltlichen Ausprägungen des Vorsichtsprinzips, das Imparitätsprinzip, Rückstellungen für drohende Verluste aus schwebenden Geschäften.

§ 253 I HGB bestimmt, daß Rückstellungen grundsätzlich mit dem Betrag anzusetzen sind, der sich nach vernünftiger kaufmännischer Beurteilung ergibt. Auch hierbei spielt das Vorsichtsprinzip eine tragende Rolle.[34]

2.2.8.2 ... nach IAS

Nach IAS 10 sind Rückstellungen Teil der Schulden und werden als solche ausgewiesen. Da dem Imparitätsprinzip so gut wie keine Bedeutung beigemessen wird, werden an die buchmäßige Realisierung strengere Maßstäbe angelegt als in Deutschland. (s. Pkt. 4.7.)

2.2.8.3 ... nach US-GAAP

Auch nach US-GAAP sind Rückstellungen Teil der Verbindlichkeiten, das heißt daß Rückstellungen nur gebildet werden dürfen, wenn eine Verpflichtung Dritten gegenüber, z.B. vertragliche Beziehungen oder Garantieleistungen, besteht. Aufwandsrückstellungen sind verboten. (CON 6)

Jedoch sind sog. *contingent liabilities* den Rückstellungen nach HGB sehr ähnlich. Sie werden passiviert, wenn

- anzunehmen ist, daß am Stichtag eine Verpflichtung entstanden sein wird und ihr Weiterbestand wahrscheinlich sein wird (die Eintrittswahrscheinlichkeit muß *probable*, das heißt fast schon sicher sein)
- die Verpflichtung betragsmäßig zuverlässig geschätzt werden kann, wobei an die Wahrscheinlichkeit hohe Ansprüche gestellt werden. (FAS 5)

In der Praxis werden relativ selten Garantierückstellungen, Rückstellungen für Schadensersatzverpflichtungen und schwebende Prozesse gebildet und tendenziell werden Rückstellungen in US-amerikanischen Abschlüssen niedriger bewertet als in deutschen. Dies hat zum einen mit den hohen Ansprüchen an die Quantifizierbarkeit der Verpflichtung und zum anderen damit zu tun, daß es den Unternehmen überlassen bleibt, ob es sich um einen „bestandssicheren", also passivierungspflichtigen Posten handelt. Dies eröffnet natürlich weite Ermessensspielräume.[35]

Rückstellungen für Umstrukturierungsmaßnahmen sind laut EITF 94 zulässig und solche für Personalstrukturmaßnahmen unter bestimmten Bedingungen ebenso erlaubt. Rückstellungen für Sachstrukturmaßnahmen sind unter gewissen Voraussetzungen bilanzierbar, wenn ein detaillierter Plan erstellt wird, der die Maßnahmen erläutert. Drohverlustrückstellungen dürfen nur aus schwebenden Beschaffungs- und Absatzgeschäften gebildet werden. (APB 43)

Es existiert ein Wahlrecht zur Bildung von Umweltschutzrückstellungen (EITF 93) unter der Voraussetzung, daß der Zeitpunkt der Inanspruchnahme hinreichend genau bestimmt werden kann.

2.2.9 Provisions for pensions – Pensionsrückstellungen

2.2.9.1 ... nach HGB

Für Pensionsverpflichtungen besteht eine unmittelbare Rückstellungspflicht gemäß § 249 I HGB. Bei der Bewertung muß zwischen der Rückstellung für eine bereits laufende Rente und der für Rentenanwartschaften unterschieden werden. Für erstere muß versicherungsmathematisch der Barwert ermittelt werden (§ 253 I HGB), letztere werden nach der Gegenwartswert- oder der Teilwertmethode errechnet, die beide eine periodengerechte Aufwandsverteilung bis zum Eintritt der Pensionsansprüche anstreben. (Das Steuerrecht läßt lediglich das Teilwertverfahren zu. § 6a EStG)[36]

2.2.9.2 ... nach IAS

In IAS 19 werden zwei Kategorien von Versorgungsleistungen genannt: *Defined benefit plans*, also leistungsorientierte Systeme, worunter auch die in Deutschland üblichen Direktzusagen fallen, und *defined contribution plans*, das heißt beitragsorientierte Pläne, wobei die Unternehmen Beiträge an externe Fonds oder Versicherungsgesellschaften zahlen.

In letzterem Fall werden keine Rückstellungen gebildet, weshalb IAS 19 zuvorderst die Behandlung des Periodenaufwandes für betriebliche Altersversorgung regelt, weniger die Rückstellungsbildung. Die Ermittlung dieser sog. *service costs* steht im Vordergrund. (S. Pkt. 4.8.)

2.2.9.3 ... nach US-GAAP

Leistungen, die nicht aus einem Fonds erbracht werden, sind gemäß FAS 87 (Pensionsverpflichtungen) und FAS 106 (sonstige Versorgungsleistungen) zu passivieren. Die Berechnung erfolgt im Hinblick auf die zu erbringende Leistung im Erfüllungszeitpunkt, was bedeutet, daß sich in diesem Fall wesentlich höhere Rückstellungen ergeben als nach deutschem Recht.

Der Regelfall in den USA ist jedoch die Übertragung der Verpflichtungen auf selbständige Versorgungsträger, so daß lediglich die Restbeträge, die nicht auf einen Fonds übertragen wurden, im Jahresabschluß zu finden sind. Dies bedeutet, daß in der Regel ein Jahresabschluß nach HGB deutlich höhere Pensionsrückstellungen aufweist als einer nach US-GAAP.

2.2.10 Foreign currency – Währungsumrechnung

2.2.10.1 ... nach HGB

Nach ADS[37] ist § 253 HGB so auszulegen, daß für Fremdwährungsforderungen grundsätzlich das Niederstwertprinzip gilt, es sei denn, es handelt sich um kurzfristige Forderungen (Laufzeit höchstens ein Jahr) oder geschlossene Devisenpositionen, bei denen dann die Stichtagskursumrechnung zulässig ist.

§ 284 II HGB verpflichtet Kapitalgesellschaften, die Grundlagen für die Währungsumrechnung darzulegen.[38]

2.2.10.2 ... nach IAS

Es wird unterschieden zwischen monetären und nicht monetären Posten sowie zwischen *foreign entities* und *foreign operations*. (S. Pkt. 4.10.)

2.2.10.3 ... nach US-GAAP

Währungsumrechnungen regelt FAS 52, welches die Grundlage für die Ausführungen des IASC zu diesem Thema darstellt, so daß in dieser Hinsicht keine Unterschiede zwischen IAS und US-GAAP bestehen.

2.2.11 Prudence principle – Vorsichtsprinzip

2.2.11.1 ... nach HGB

Das in den GoB allgemein anerkannte Vorsichtsprinzip leitet sich aus § 252 I Nr. 4 ab. Es prägt die gesamte deutsche Bilanzierungsstruktur und findet seinen Hauptniederschlag im Niederstwertprinzip und den Rückstellungen und wird dadurch als bilanzpolitisches Instrument zur Bildung stiller Reserven genutzt.

2.2.11.2. ... nach IAS

Das Vorsichtsprinzip bildet einen Unterpunkt zu dem Prinzip der Zuverlässigkeit (IAS 1). Somit besitzt es die gleiche Wertigkeit wie die allgemeinen Prinzipien (*faithful presentation*, *substance over form*, *neutrality*, *completeness*, *comparability*) und erlangt lediglich bei Schätzungen Bedeutung. Das Bilden stiller Reserven durch Unterbewertung von Aktiva oder Überbewertung von Passiva wird ausdrücklich verboten.

2.2.11.3 ... nach US-GAAP

Der sog. *conservatism*, das heißt Vorsichtsprinzip in Form des Imparitätsprinzips wird heute nicht mehr akzeptiert. Der Grundsatz der Periodenabgrenzung und periodengerechte Erfassung von Erträgen und Aufwendungen stehen im Vordergrund (CON 6). Trotzdem beherrscht das Niederstwertprinzip immer noch die Bewertungspraxis. Zur Bildung stiller Reserven darf aber auch hier das Vorsichtsprinzip nicht mißbraucht werden (CON 2).

2.2.12 Interim financial reporting – Zwischenberichterstattung

Auch wenn die Interimspublizität kaum zu den wesentlichen Rechnungslegungsvorschriften gezählt werden kann, gebührt ihr aufgrund der unbestrittenen Bedeutung unterjähriger Information für die Investoren eine kurze Abhandlung.

2.2.12.1 ... nach HGB

Mit der Umsetzung der EG-Zwischenberichtsrichtlinie[39] werden Unternehmen, deren Aktien im amtlichen Handel notiert werden, ab 1986 zur halbjährlichen Zwischenberichterstattung verpflichtet. Die Aufstellungspflicht für Vierteljahresberichte trifft Unternehmen des Neuen Marktes.[40] Eindeutige Aussagen dazu, in welchem Umfang die HGB-Vorschriften zur Anwendung kommen sollen oder in welchem Maße von ihnen abgewichen werden darf, existieren jedoch nicht. § 264 II HGB und § 44b I BörsG, nach denen ein den tatsächlichen Verhältnissen entsprechendes Bild gefordert wird, gelten als Fixpunkte.[41]

Als Mindestangaben gemäß den §§ 53 – 60 BörsZulVO sind zu nennen:

- Betrag der Umsatzerlöse,
- Ergebnis vor oder nach Steuern nach handelsrechtlichen Vorschriften,
- jeweils die zugehörigen Vergleichszahlen des Vorjahres.

2.2.12.2 ... nach IAS

Gemäß E 57 hat der Zwischenbericht analog IAS 1 mindestens zu bestehen aus:

- zusammengefaßter Bilanz,
- zusammengefaßter GuV,
- zusammengefaßter Kapitalflußrechnung,
- zusammengefaßtem Ausweis der erfolgsneutralen Eigenkapitalveränderungen,
- Anhanginformationen.

Die Bilanzierungs- und Bewertungsprinzipien haben denen des Jahresabschlusses zu entsprechen. Sog. *standalone*-Berichterstattung, das heißt die Glättung saisonaler Einflüsse bei der Berechnung ist nicht zulässig.

Welche Unternehmen zur Zwischenberichterstattung verpflichtet sein sollen, ist nicht geregelt.

2.2.12.3 ... nach US-GAAP

APB 28 verlangt von allen nicht bei der SEC registrierten Unternehmen monatliche oder vierteljährliche Berichte, die mindestens beinhalten müssen:

- Umsatz
- Ertragsteuern
- außerordentliche Ergebnisse
- Ertrag nach Steuern

- Gewinn pro Aktie
- wesentliche saisonale Schwankungen bei Umsatz, Kosten, Aufwand
- wesentliche Änderungen bei Einschätzungen und Rückstellungen für Ertragsteuern
- Aufgabe von Geschäftsbereichen
- ungewöhnliche oder unregelmäßig vorkommende Ereignisse
- Eventualverbindlichkeiten
- Änderungen bei angewandten Methoden oder Einschätzungen
- wesentliche Änderungen in der Finanzlage

Bei der SEC registrierte Unternehmen müssen nach der Vorschrift 10-Q eine Quartalsberichterstattung erstellen, die alle Bestandteile des Jahresabschlusses spiegelt.

3. International Accounting Standards

3.1 Organisation des IASC

Der IASC ist eine privatrechtliche Vereinigung, gegründet 1973 mit Sitz in London. Derzeit gehören ihm 119 Mitglieder aus 86 Ländern an. Die Geschäfte werden von einem Board geführt, in dem 29 der 39 Stimmberechtigten aus den USA und Großbritannien oder Ländern, in denen die angelsächsische Rechnungslegung praktiziert wird, kommen[42]. Der IASC finanziert sich über IFAC, Spenden und Publikationen.

Der Entwicklungsprozeß von der Einigung über die Thematik bis zur Veröffentlichung eines Standards zieht sich über mehrere Jahre hin, wobei bis zur Verabschiedung mehrere Stationen passiert werden und auch die interessierte Öffentlichkeit die Möglichkeit zur Einflußnahme erhält.

Als private Organisation hat der IASC keinerlei Durchsetzungsmöglichkeiten, kann folglich nur dazu einladen, die IAS in nationale Vorschriften zu transformieren. Durch die Zusammenarbeit mit der IOSCO, die Mitglied in der *Consultative Group* (Beratungsgremium) des IASC ist, erhofft man sich größere Akzeptanz durch eine Empfehlung zur weltweiten Börsenzulassung auf Basis der IAS. Voraussetzung sind die *Core Set of Standards*. (S. Pkt. 3.2.)

3.1.1 Bedeutung des SIC

Ende 1996 schuf der IASC dieses Gremium, welches die Aufgabe hat, in wichtigen Zweifelsfragen eine bindende Interpretation der IAS vorzunehmen; bislang mangelt es erstens aufgrund der noch nicht sehr weit fortgeschrittenen Verbreitung und zweitens deshalb, weil die IAS schlichtweg noch nicht sehr lange existieren, an praktischen Handhabungshinweisen und Auslegungsgrundsätzen. Dies soll das SIC nun ändern.

Vor allem soll sich das Gremium, welches zwölf stimmberechtigte Mitglieder, darunter auch einen Deutschen, hat, mit den Rechnungslegungsthemen auseinandersetzen, die wegen fehlender Regelung in den IAS zu unterschiedlicher Anwendung in der Praxis führen.[43] Derzeit befaßt sich das SIC besonders auch mit dem aktuellen Thema: Ausweis bestimmter Finanzinstrumente als Eigenkapital oder Schuldposten.

3.2 Liste der zur Zeit gültigen Standards

IAS 1 Disclosure of Accounting Policies
Offenlegung der Rechnungslegungsgrundsätze

IAS 2 Inventories
Vorräte

IAS 4 Depreciation Accounting
Abschreibungen, Wertminderungen

IAS 7 Cashflow Statements
Kapitalflußrechnungen

IAS 8 Net Profit or Loss for the Period, Fundamental Errors and Changes in Accounting Policies
Jahresergebnis, Fundamentale Fehler, Wechsel der @hl:

Bilanzierungsmethoden

IAS 9 Research and Development Costs
Forschungs- und Entwicklungsaufwand
Voraussetzung für die Anwendung von IAS 9 sind eigene Forschungs- oder Entwicklungsergebnisse; andernfalls sind IAS 2 (Inventories) oder IAS 11 (Construction Contracts) maßgeblich.

IAS 10 Contingencies and Events Occuring after the Balance Sheet Date
Unsicherheiten und Ereignisse nach dem Bilanzstichtag

IAS 11 Construction Contracts
Fertigungsaufträge

IAS 12 Accounting for Taxes on Income
Bilanzierung von Ertragssteuern
Ab 01.01.1998 gilt die überarbeitete Version: IAS 12 Income Taxes

IAS 14 Reporting Financial Information by Segment
Segmentberichterstattung
Die segmentbezogene Offenlegung finanzwirtschaftlicher Informationen wird in diesem IAS abgehandelt, wobei Segmente des Unternehmens sowohl Geschäftsfelder, als auch geographische Bereiche sein können.

IAS 15 Information Reflecting the Effects of Changing Prices
Auswirkung von Preisänderungen im Jahresabschluß
Ergänzend hierzu steht IAS 29 (Financial Reporting in Hyperinflational Economies).

IAS 16 Property, Plant and Equipment
Sachanlagevermögen

IAS 17 Accounting for Leases
Bilanzierung von geleasten Gegenständen

IAS 18 Revenue
Gewinnrealisierung

IAS 19 Retirement Benefit Costs
Aufwendungen für die betriebliche Altersversorgung
In diesem Zusammenhang müssen auch IAS 26 (Accounting and Reporting by Retirement Benefit Plans) und E 54 (Retirement Benefit and Other Empolyee Benefit Costs) beachtet werden.

IAS 20 Accounting for Government Grants and Disclosure of Government Assistance
Bilanzierung staatlicher Zuschüsse

IAS 21 The Effects of Changes in Foreign Exchange Rates
Währungsumrechnung

IAS 22 Business Combinations
Unternehmensvereinigungen, Konzernierung
Zu beachten sind IAS 27 (Consolidated Financial Statements and Accounting for Investments in Subsidiaries) und E 61.

IAS 23 Borrowing Costs
Fremdkapitalkosten

IAS 24 Related Party Disclosures
Offenlegung der Beziehungen zu verbundenen Unternehmen
Angesprochen werden hier sowohl Konzerne und assoziierte Unternehmen (vgl. IAS 28 Accounting for Investments in Associates), als auch Personen mit maßgeblichem Einfluß (Stimmrechte) und ihre Familienmitglieder, sowie Führungskräfte und deren Familie und schließlich Unternehmen, die von o.g. Personen bestimmt werden.

IAS 25 Accounting for Investments
Rechnungslegung für nicht betriebsnotwendige Kapitalanlagen
IAS 25 behandelt nicht immaterielles Anlagevermögen, Finanzierungsleasing, Pensionsfonds, sowie „Investments" in Tochtergesellschaften und Joint Ventures.

IAS 26 Accounting and Reporting by Retirement Benefit Plans
Rechnungslegung und Berichterstattung für Altersversorgungspläne

IAS 27 Consolidated Financial Statements and Accounting for Investments in Subsidiaries
Konzernrechnungslegung

IAS 28 Accounting for Investments in Associates
Bilanzierung von Beteiligungen an assoziierten Unternehmen

IAS 29 Financial Reporting in Hyperinflationary Economies
Rechnungslegung in Hochinflationsländern

IAS 30 Disclosures in the Financial Statements of Banks and Similar Financial Institutions
Offenlegungspflichten für Banken und andere Kreditinstitute

IAS 31 Financial Reporting of Interests in Joint Ventures
Bilanzierung von Joint Ventures

IAS 32 Financial Instruments: Disclosures and Presentation
Finanzinstrumente: Offenlegung und Darstellung
Ergänzend hierzu steht E 48 (Financial Instruments – Recognition and Measurement).

IAS 33 Earnings per Share
Gewinnrendite

3.2.1 Laufende Projekte

Folgende neue Standards befinden sich momentan in der Entwicklungsphase:

- E 48: Financial Instruments (Recognition and Measurements) *
  Bewertung von Finanzinstrumenten
- E 50: Intangible Assets *
  Immaterielle Vermögensgegenstände
- E 58: Discontinued Operations *
  Aufgabe von Geschäftsbereichen
- E 57: Interim Reporting *
  Zwischenberichterstattung
- E 59: Provisions and Contingencies *
  Rückstellungen und Eventualverbindlichkeiten
- Agriculture
  Landwirtschaft

Diese existierenden Standards werden z. Z. überarbeitet:

- E 51: Reporting Financial Information by Segment *
  Segmentberichterstattung
- E 54: Retirement Benefit and Other Employee Benefit Costs *
  Aufwendungen für Renten und andere Arbeitnehmergratifikationen
- E 55: Impairment of Assets *
  Wertminderung von *assets*

- E 56: Leases *
  Miet-, Pachtgegenstände
- E 60: Research and Development *
  Forschung und Entwicklung
- E 61: Business Combinations
  Unternehmensvereinigungen
- Goodwill*
- Insurance

Die *exposure drafts* E 55, E 60 und E 61 sollten im Zusammenhang gelesen werden, da sie aufeinander abgestimmt sind.

Die gekennzeichneten (*) Projekte gehören zum *Core Set of Standards*.

3.3 Balance Sheet – Bilanz

IAS Fundstellen
IAS 1 *revised*, 2, 7, 9, 10, 16, 17, 21, 23, 24, 30
IASC *framework*
E 50

3.3.1 Grundsätze

Im *framework* des IASC ist festgelegt, daß es das Ziel eines Finanzberichtes ist, Information über die finanzielle Situation, die Leistungsfähigkeit und Änderungen in der finanziellen Position einer Unternehmung einem breiten Spektrum von Benutzern zugänglich zu machen. Konform damit geht IAS 1, welches weiter ausführt, daß der Finanzbericht Benutzern Hilfestellung geben soll, wirtschaftliche Entscheidungen zu treffen. Die Information soll in Form von Bilanz, Gewinn- und Verlustrechnung, Kapitalflußrechnung, einem Spiegel der erfolgsneutralen Eigenkapitalveränderungen, Anhang und ergänzenden Aufstellungen dargestellt werden.

Die Bilanz als wichtiger Bestandteil des Jahresabschlusses stellt die finanzielle Position dar, indem sie Aktiva, Passiva und das Eigenkapital der Anteilseigner zu einem bestimmten Zeitpunkt präsentiert. Sie zeigt den aggregierten Effekt von Transaktionen zu einem Zeitpunkt, im Gegensatz zu den anderen Komponenten des Finanzplanes, die dieses Ergebnis über einen Zeitraum wiedergeben. Zu beachten ist in jedem Fall der Grundsatz der Klarheit.

Üblicherweise erfolgt bei der Bilanzaufstellung eine Klassifikation der Vermögensgegenstände sowie der Verbindlichkeiten in Umlaufvermögen (*current assets*) bzw. kurzfristige Verbindlichkeiten (*current liabilities*) und – im deutschen – Anlagevermögen bzw. langfristige Verbindlichkeiten, nach IAS *noncurrent assets/ liabilities*. Es steht jedoch jedem Unternehmen frei zu entscheiden, ob eine weitergehende Unterteilung des Vermögens und der Verbindlichkeiten in seiner Bilanz sinnvoll ist. Erfolgt jedoch keine Aufgliederung, ist die Angabe von Zwischensummen verboten.

Das weitverbreitete Prinzip der historischen Kosten zeigt typischerweise nicht den aktuellen Wert eines Gegenstandes und somit kann eine zu solchen Werten erstellte Bilanz kein Indikator für den wirtschaftlichenWert einer Unternehmung sein. Das Prinzip der Bewertung zu Marktpreisen hat sich zwar nicht durchsetzen können, jedoch erfolgen Wertberichtigungen, wenn gesicherte Erkenntnisse vorliegen, daß materielle Wertabnahme anzunehmen ist.

Dies bedeutet, daß die in der Bilanz angesetzten Werte ein Mischergebnis von Anschaffungs- bzw. Herstellungskosten und aktuellen Preisen darstellen, was die Aussagekraft der Bilanz für den Benutzer beeinträchtigt.[44]

3.3.2 Begriffsdefinitionen

Um in den Jahresabschluß einbezogen zu werden, muß ein Gegenstand bestimmten Definitionsansprüchen genügen (*definitional requirements*), als bilanzierungsfähig anerkannt (*recognition requirements*) und meßbar (*measurement requirements*) sein. Obwohl andere Elemente eines Finanzberichtes vorstellbar wären, definiert das IASC *framework* ausschließlich solche, die in Verbindung mit dem Status und der Leistungsfähigkeit einer Unternehmung stehen und die deshalb für Entscheidungen relevant sind, die zu einer Bindung von Mitteln der Unternehmung führen.

- Assets (Vermögensgegenstände)

sind definiert als wahrscheinliche zukünftige aus vergangenen Transaktionen oder Ereignissen resultierende Vorteile (*future economic benefits*), die eine bestimmte unternehmerische Einheit genießt oder kontrolliert.

Dies bedingt folgende Voraussetzungen:

1. Ein *asset* muß wahrscheinliche zukünftige wirtschaftliche Vorteile liefern, die es in die Lage versetzen, zukünftige Nettoeinnahmen erzielen zu helfen.
2. Die unternehmerische Einheit muß in der Lage sein, diese Vorteile einzunehmen und den Zugriff anderer Einheiten darauf zu beschränken.
3. Das Ereignis, welches die unternehmerische Einheit mit dem Recht auf diesen Vorteil ausstattet, muß stattgefunden haben.

Bestimmte Charakteristika helfen, *assets* zu erkennen: Sie sind austauschbar, rechtlich durchsetzbar und enthalten zukünftige wirtschaftliche Vorteile, Potentiale (*service potential*).

Die physikalische Erscheinungsform hat für ein *asset* keine Bedeutung. Als Indiz, nicht aber als Kriterium, kann das zivilrechtliche Eigentum angenommen werden. Bei Leasingverhältnissen etwa genügt das wirtschaftliche Eigentum, und unternehmerisches Know-how qualifiziert sich allein durch die Tatsache, daß Dritten der Zugriff darauf verwehrt werden kann, als *asset.*

Der Begriff *asset* kann nicht mit dem HGB-Begriff Vermögensgegenstand gleichgesetzt werden, denn er schließt auch Bilanzierungshilfen, Rechnungsabgrenzungsposten, sowie Gegenstände ein, die nach deutschem Recht nicht bilanzierungsfähig sind. Um aktivierungsfähig zu sein, muß ein *asset* immer o.g. definitorischen Voraussetzungen und die Ansatzkriterien des Jahresabschlusses erfüllen.[45]

▶ Liabilities (Schuldposten)
sind definiert als wahrscheinlicher zukünftiger Verzicht auf wirtschaftliche Vorteile, resultierend aus gegenwärtigen in der Vergangenheit entstandenen Verpflichtungen einer bestimmten wirtschaftlichen Einheit, *assets* zu transferieren oder für andere Einheiten Serviceleistungen zu erbringen.

Folgende Charakteristika sind maßgeblich:

1. Voraussetzung für eine *liability* ist, daß die Unternehmung einer gegenwärtigen Verpflichtung durch den voraussichtlichen Transfer eines *assets* nachkommt, sobald ein spezifisches Ereignis eintritt oder an einem bestimmten Datum.
2. Die Verpflichtung kann nicht vermieden werden.
3. Das die Unternehmung verpflichtende Ereignis ist eingetreten.

Liabilities resultieren normalerweise aus Transaktionen, die der Unternehmung die Möglichkeit verschaffen, Ressourcen zu erlangen. Sie entstehen grundsätzlich aus unwiderruflichen Verpflichtungen, durch Übereinkunft, Gesetz, gerichtliche Verfügung, sowie durch Geschäftsethik und Sitte.

Da es sich bei *liabilities* immer um Drittverpflichtungen handelt, sind die Aufwandsrückstellungen nach deutschem Handelsrecht nicht darunter zu subsumieren; sie stellen Eigenverpflichtungen der Unternehmung dar.[46] Rückstellungen jedoch passen in das Schema der *liabilities*, denn es wirkt sich nicht auf ihr Bestehen aus, daß die Höhe der Verpflichtung nur geschätzt werden kann.

- Equity (Eigenkapital)

wird definiert als Residualwert, der nach Verrechnung von *assets* und *liabilities* bleibt. Im Falle einer Unternehmung ist *equity* der Kapitalertrag der Eigentümer. *Equity* resultiert aus Besitzverhältnissen und ist Basis für die Verteilung der Gewinne an die Eigentümer. (Die Unterscheidung zwischen *equity* und *liability* kann sich schwierig gestalten, z.B. im Falle von Wandelschuldverschreibungen oder Vorzugsaktien, denen ein residualer Eigentümerwert innewohnt, aber auch ein unumgänglicher zukünftiger Verzicht.[47])

3.3.3 Formvorschriften

Drei Überschriften müssen der Bilanz vorausgehen:

1. genaue Bezeichnung und Name der Unternehmung, deren finanzielle Position präsentiert wird,
2. generell sollte „Bilanz" (*balance sheet*) als Titel des Berichts verwendet werden,
3. das Bilanzstichtagsdatum.

Die IAS spezifizieren keine besondere äußere Form der Bilanz, jedoch werden die beiden gängigen Formen, Staffel- und Kontoform, vorgeschlagen, wobei der Staffelform der Vorzug gegeben wird.

Bilanzen sollten, wie alle Finanzberichte einer Unternehmung, stets von einer Berichtsperiode zur nächsten die gleiche Aufmachung haben.

3.3.4 Bilanzpositionen

Im Anhang findet sich eine detaillierte Bilanzaufstellung nach US-GAAP, sowie die konsolidierte Bilanz nach IAS 1 *revised.*

3.3.4.1 Assets (Vermögensgegenstände)

Current assets (Umlaufvermögen)

- Cash and cash equivalents: Bargeld und bargeldähnliches Vermögen. Gemäß IAS 7 fallen unter diese Kategorie auch sog. hochliquide Investments, das heißt solche, die innerhalb kürzester Zeit wieder in Bargeld konvertiert werden können. (Falls das Bargeld nicht innerhalb des Geschäftsjahres zur Verfügung steht, zählt es nicht zu *current assets.*)
- Short-term-investments: Kurzfristige Investitionen, die sofort am Markt verkauft werden können und lediglich angelegt wurden, weil Bargeld zur freien Verfügung stand.
- Receivables: Forderungen. Uneinbringliche Forderungen sollten ausgewiesen werden, genauso wie Nachlässe auf Forderungen. Eine Unterteilung nach Debitoren ist ebenso denkbar.
- Inventories: Bestände sind verfügbare Waren, die zum Verkauf stehen. Die Bewertungsmethode soll genannt werden.
- Prepaid expenses: Zu den im voraus bezahlten Kosten gehören z.B. vorausbezahlte Miete oder Versicherung (RAPs).

Long-term-investments (Langfristige Investitionen)

- Debt and equity securities: hierzu gehören Aktien, Obligationen und langfristige Schuldverschreibungen. Die Bewertungsmethode soll im Anhang erläutert werden.
  Ebenso ist der gesonderte Ausweis der Anteile an assoziierten Unternehmen vorgeschrieben.
- Tangible assets: Vermögensgegenstände, die momentan nicht genutzt werden, z. B. Ersatzmaschinen.
- Investments held in special funds: Fondsvermögen, wie etwa Tilgungs- oder Pensionsfonds.

Property, plant and equipment (Sachanlagen)

Die akkumulierten Abschreibungswerte müssen ausgewiesen und gemäß IAS 16 im Anhang erläutert werden. Es gilt ein Aktivierungsverbot für Vertriebs- und allgemeine Verwaltungskosten; bei Herstellungs- und Erhaltungsaufwand existieren besondere Aktivierungsregeln und ein Aktivierungswahlrecht für Fremdkapitalzinsen. Wählen darf man auch bei Fremdwährungsdifferenzen, wenn starke Abwertung vorliegt, und dann nachträgliche Anschaffungskosten geltend machen.

Leasinggegenstände werden dem wirtschaftlichen Eigentümer zugeordnet.

Intangible assets (Immaterielle Vermögensgegenstände)

Unter diese Kategorie fallen z.B. Goodwill, Patente, Markenzeichen, die E 50 definiert als identifizierbare, nicht monetäre *assets* ohne physische Substanz, die

1. von einer Unternehmung zum Zwecke der Produktion oder Bereitstellung von Dienst-leistungen oder zu Vermögenszwecken kontrolliert werden und

2. länger als eine Abrechnungsperiode lang genutzt werden.

Other assets

Die Auffangkategorie gilt z. B. für langfristige Forderungen oder „eingefrorene" Konten.

Für Forschungskosten gilt ein generelles Aktivierungsverbot, Entwicklungskosten dürfen unter bestimmten Voraussetzungen (IAS 9) aktiviert werden. Weiterhin ist die Aktivierung von Eventualgewinnen verboten.

3.3.4.2 Liabilities (Verbindlichkeiten)

Current liabilities (kurzfristige Verbindlichkeiten)

definiert IAS 1 als solche, die höchstwahrscheinlich den Verbrauch von *current assets* bedingen oder die kurzfristige Verpflichtungen (*current* obligations) entstehen lassen. Das heißt

1. Verpflichtungen, die aus dem Erwerb von Gütern oder Dienstleistungen, die dem Arbeitskreislauf zugeführt werden, resultieren,
2. im voraus auf Leistungen erhaltene Geldeinnahmen,

3. andere im Abrechnungszeitraum fällig werdende Verpflichtungen, denen durch Verbrauch von *current assets* Rechnung getragen werden muß (z.B. fällige Obligationen).

Im Gegensatz zu *current assets* werden *current liabilities* normalerweise sozusagen von außen bestimmt, da in der Regel Dritte einen rechtlich durchsetzbaren Anspruch erheben können.

Noncurrent liabilities (langfristige Verbindlichkeiten)

Unter diese Rubrik fallen

1. Verpflichtungen, die durch den Erwerb von *assets* entstehen,
2. Verpflichtungen, die aus dem gewöhnlichen Geschäftsablauf entstehen (z.B. Rückstellungen, Pensionsverpflichtungen),
3. Eventualverbindlichkeiten (z. B. Garantiefälle).

Alle *noncurrent liabilities* sollten deutlich gekennzeichnet sein im Hinblick auf Fälligkeitsdatum, Art der Verpflichtung, Zinssatz und jegliche Nebenverpflichtung, die zur Schuldsicherung eingegangen wurde.

Other liabilities

sind solche, die zwar Verbindlichkeiten darstellen, aber der Definition nicht ganz entsprechen, wie z. B. Steuerabgrenzungen.

Ereignisse, die nach dem Bilanzstichtag eintreten, dürfen nicht bilanziert, müssen aber angegeben werden, wenn sie wesentlich sind.

Für Leasingverbindlichkeiten besteht eine Passivierungspflicht, sofern der Gegenstand dem Leasingnehmer zugeordnet ist.

Ein gesonderter Eigenkapitalposten wird gebildet, wenn Fremdwährungsdifferenzen unter Anwendung der Stichtagsmethode entstehen.

Saldierung

von *assets* und *liabilities* ist generell nur in Ausnahmefällen zulässig, wenn folgende Bedingungen erfüllt sind:

1. Die beiden involvierten Unternehmen schulden jedes dem anderen exakt zu beziffernde Summen
2. Die Unternehmung hat das Recht zu verrechnen
3. Die Unternehmung hat auch tatsächlich vor zu verrechnen

4. Die Rechtsposition ist durchsetzbar

Differieren die Fälligkeitsdaten der Schulden der beiden Parteien, darf nur die Unternehmung verrechnen, deren Schulden zuerst fällig werden.

3.3.4.3 Stockholders' equity – Eigenkapital in Aktien

Quellen: IAS 1 revised, 8, 16, 25, 32

3.3.4.3.1 Definition

Equity wird als Residualgröße verstanden, die nach Verrechnung von *assets* und *liabilities* verbleibt.

Stockholders' equity (auch *stockholders' interest* genannt) umfaßt sämtliches zur Verfügung stehendes Kapital, plus Gewinn- und andere Rücklagen. Es repräsentiert einen Anspruch auf die *net assets* eines Unternehmens, jedoch keine Forderung im Sinne von *liabilities.*

IAS 1 *revised* unterteilt *stockholders' equity* in drei Kategorien:

1. Eigenkapital
2. Rücklagen
3. akkumulierte Gewinne/Verluste

Eines der Hauptziele des Erfassens von *stockholders' equity* ist die Offenlegung der Quellen, aus denen das Kapital stammt. Deshalb ist es wünschenswert, daß mehrere Kapitalkonten (*paid-in capital accounts*) in der Bilanz erscheinen. Die Rechte jeder einzelnen Kategorie von Aktionären müssen ebenfalls offengelegt werden.

Nach IAS besteht *share capital* (Aktienkapital) aus dem Nennwert bzw. dem deklarierten Wert (*stated value*) der Vorzugs- und gewöhnlichen Aktien. Die Anzahl der genehmigten, der ausgegebenen und der ausstehenden Aktien muß aufgeführt sein. Vorzugsaktien sollen außerdem spezifiziert werden (siehe Schema im Anhang), ebenso *additional paid-in capital*, das heißt der Mehrwert, der bei Emission über par gezahlt wurde und Mehrkapital aus Transaktionen mit Eigneraktien. *Additional paid-in capital*, was nicht ganz genau gleichzusetzen ist mit der Kapitalrücklage nach deutschem Handelsrecht, wird nach seinen Quellen klassifiziert.

Bisher regeln die IAS lediglich diverse Offenlegungspflichten bezüglich des Aktienkapitals, nicht aber bilanztechnische Vorgehensweisen; deshalb werden nachfolgend die o.g. Pflichten genannt, die Bilanzierung lehnt sich ansonsten an die US-GAAP an. (Bilanzierungsvorschriften: ARB-6, 10, 12, 43, APB-12, SEC 50502-28 ff., TB 85-6)

3.3.4.3.2 Regelung nach US-GAAP

▶ capital stock	gezeichnetes Kapital
– prefered stock	Vorzugsaktien
– common stock	Stammaktien
▶ additional paid-in capital	Kapitalrücklage
▶ cumulative currency translation adjustments	Umrechnungsdifferenzen
▶ treasury stock	eigene Aktien (die zu Anschaffungskosten abgezogen werden)

1. *capital stock*
   Ähnlich wie nach HGB werden nach US-GAAP die einzelnen Aktiengattungen separat im Gesamtbetrag des Nennwerts ausgewiesen. (Die Angabe der Stückzahlen erfolgt meist in der Bilanz.) *Redeemable prefered stocks*, das sind Vorzugsaktien mit Kündigungsrecht, müssen direkt vor *stockholders' equity* mit genauer Erläuterung angegeben werden. Ihre Bewertung erfolgt zum *fair value* im Ausgabezeitpunkt, es sei denn, dieser ist niedriger als der Rückzahlungsbetrag; dann gilt ein Zuschreibungsgebot.

2. *additional paid-in capital*
   Nach GAAP können (im Gegensatz zu HGB) Umbuchungen aus der Gewinnrücklage vorgenommen werden, das heißt daß Kapitalrücklagen auch thesaurierte Gewinne beinhalten können.

3. *retained earnings*
   Grundsätzlich stellt die Gewinnrücklage das gesamte Ausschüttungspotential der Unternehmung dar.
   Die wird unterteilt in
   1. zugewiesene (*appropriated*), das heißt solche, die nicht zur Verteilung unter den Aktionären gelangen und
   2. nicht zugewiesene (*unappropriated*), die als Dividende zur Ausschüttung bereitstehen.

Nachdem der *board of directors* über die Gewinnverwendung entschieden hat, wird die zu zahlende Dividende ab dem Datum der Ausschüttungsbekanntgabe unter den *liabilities* ausgewiesen.

Cumulative currency translation adjustments, sowie *treasury stock* werden auf der Passivseite offen von *stockholders' equity* abgesetzt.

Nach US-GAAP haben die Unternehmen entweder direkt unterhalb der GuV oder gesondert in einem *statement of retained earnings* (Gewinnverwendungsrechnung) über die Verwendung der Gewinne Rechenschaft abzulegen.[48]

3.3.4.3.3 Offenlegungspflichten nach IAS

- die Anzahl oder der Betrag an bewilligten, ausgegebenen (in Fremd- und Eigenbesitz) und in Umlauf befindlichen Aktien (*authorized, issued, outstanding*).
- die Höhe des noch ausstehenden Aktienkapitals. Im Zuge eines sog. *initial public offering (IPO)* können Aktien zu einem Teil des Nennwertes gezeichnet werden, wobei die Differenz in Raten, sog. *calls*, fällig wird.
- der Nennwert der Aktien
- Veränderungen der Aktienkapitalkonten im Laufe des Jahres
- Rechte, Vorzugsrechte und Restriktionen in Bezug auf Aktienausschüttungen und Kapitalrückzahlungen; o.g. verschiedene Kategorien müssen jeweils exakt aufgeschlüsselt werden.
- die Höhe der kummulierten Rückstände der Dividenden auf Vorzugsaktien. Die meisten Vorzugsaktien haben Kummulativcharakter, das heißt die Dividenden werden für einige Jahre, abhängig von den jeweiligen Statuten, nicht ausgezahlt.
- die Anzahl der eigenen Aktien
- die Anzahl der Aktien, die für künftige Options- und Kaufverträge zur Emission bereitstehen, einschließlich der entsprechenden Bedingungen und Beträge.

Offenlegungspflichten für das übrige Eigenkapital:

- Höhe des über Nennwert einbezahlten Kapitals (Kapitalrücklage)
- stille Reserven
- Rücklagen
- Gewinnrücklagen

Es wird mehr und mehr üblich, sog. Finanzinstrumente zu emittieren, die Attribute sowohl von *equity*, als auch von *liabilty* in sich tragen. IAS 32 definiert Finanzinstrumente als jede vertragliche Vereinbarung, aufgrund der ein Unternehmer Eigentümer eines *financial asset* wird und gleichzeitig bei einem anderen Unternehmen eine *financial liability* oder ein zu passivierendes *equity instrument* entsteht. (Unter die Definition von IAS 32 fallen sowohl Forderungen, Verbindlichkeiten und Eigenkapitaltitel, als auch derivative Finanzinstrumente, wie Optionen, Financial Futures und Swaps.)

Diese Finanzinstrumente sollen in ihre Komponenten zerlegt und jeweils als *liability* oder *equity* klassifiziert werden.

Im Anhang findet sich ein Beispiel für eine Darstellung der *stockholders' equity* in der Bilanz.

3.3.4.4 Mindestgliederung und Zusatzerläuterungen gemäß IAS 1 *revised*:

Assets

- noncurrent assets (Sachanlagen)
- intangible assets (immaterielle Vermögensgegenstände)
- financial assets (Finanzanlagen)
- inventories (Bestände)
- trade and other receivables (Forderungen aus Lieferung und Leistung und sonstige)
- cash and cash equivalents (flüssige Mittel)

Equity and Liabilities

- capital and reserves (Eigenkapital und Rücklagen)
- minority interest (Minderheitenanteile)
- interest-bearing borrowings (verzinsliche Verbindlichkeiten)
- trade and other payables (Verbindlichkeiten aus Lieferung und Leistung und sonstige)
- provisions (Rückstellungen)

Zur Darstellung der Zusatzerläuterungen werden folgende Techniken vorgeschlagen:

- Erläuterungen in Klammer
- Fußnoten
- Schemadarstellungen
- Querverweise
- Anlageblätter

3.4 Income Statement – Gewinn- und Verlustrechnung

IAS Fundstellen:
IAS 1 *revised,* 5, 8 *revised,* 11, 14, 16 *revised,* 17, 18 *revised,* 28, 29, 30
IASC *framework*

3.4.1 Grundsätze

Als wesentlicher Bestandteil des Finanzberichtes eines Unternehmens hält die GuV alle Veränderungen in der wirtschaftlichen Position der Einheit innerhalb einer Abrechnungsperiode fest. Somit gehört sie auch zu den Entscheidungshilfen für (zukünftige) Investoren und aus diesem Grund fordert IAS 8, daß Einnahmen und Ausgaben, Gewinne und Verluste aus der gewöhnlichen Geschäftstätigkeit klar getrennt von außerordentlichen Geschäftsvorfällen dargestellt werden müssen.

Für die Posten der GuV gelten die gleichen Realisierungskriterien wie für Bilanzposten. Für den Zeitpunkt der Erfassung sind maßgeblich das Realisationsprinzip, Grundsatz der periodengerechten Gewinnermittlung und der Grundsatz der sachlichen Abgrenzung, das sog. *matching principle*, was jedoch den Definitionen von *assets* und *liabilities* untergeordnet ist; bedeutsam wird dies durch die buchungstechnischen Zusammenhänge zwischen Bilanz und GuV und klar am Beispiel des Aktivierungsverbotes für Forschungskosten.

Die Struktur der GuV muß sich an den Grundsatz der Klarheit halten; die Überschriften entsprechen denen der Bilanz. Die Abrechnungsperiode muß klar zu erkennen sein. Laut *framework* ist jegliche Information bedeutsam, deren Weglassen, Falschdarstellung oder Nicht-Offenlegung die ökonomischen Entscheidungen der Benutzer beeinflussen kann.

Saldierung von *revenue* und *expenses* darf nur erfolgen, wenn

1. ein IAS dies verlangt oder erlaubt
2. die einzelnen Transaktionen nicht von materieller Bedeutung waren und die Präsentation des Ergebnisses einer „Gruppe von Ereignissen" sinnvoller erscheint.

Trotzdem sollten die einzelnen Beträge im Anhang aufgelistet werden.

Die Fachleute des Rechnungswesens (*accountants*) bevorzugen seit jeher das Prinzip der historischen Kosten, welches generell den Maßstab des Marktwertes solange ausschließt, bis er sozusagen infolge einer Transaktion Realität wird. Diese Interaktion zwischen dem Anerkennen und dem Bewerten bedeutet, daß Werte in der Bilanz erst zum Tragen kommen (anerkannt sind), wenn sie durch eine Transaktion in der GuV bewertet wurden.[49]

3.4.2 Mindestgliederung

- Umsatzerlöse
- Ergebnis der gewöhnlichen Geschäftstätigkeit
- Ergebnis der Finanzierungstätigkeit
- Ergebnis der Investitionstätigkeit
- Anteil am Ergebnis, das Minderheitsgesellschaftern zusteht
- Jahresüberschuß/-fehlbetrag

Außerdem müssen in GuV oder als Anhanginformation Aufwand und Ertrag nach Umsatz- oder Gesamtkostenverfahren ausgewiesen werden, getrennt nach Ergebnis der gewöhnlichen Geschäftstätigkeit und außerordentlichen Aufwendungen und Erträgen, und die Dividende angegeben werden, die in der Berichtsperiode pro Aktie vorgesehen war und die, die tatsächlich ausgeschüttet wurde.

Der Ergebnisanteil an assoziierten Unternehmen ist gesondert auszuweisen, ebenso der Steueraufwand bezogen auf die operativen Tätigkeiten des Unternehmens.

Dreht es sich um eine Bilanzierung in einem Hochinflationsland, muß der Nettogewinn aus dem Bestand an monetären Vermögensgegenständen und Schulden getrennt gezeigt werden.

3.4.3 Hauptbegriffe

Income (Erträge)
sind definiert als Zunahme wirtschaftlicher Vorteile während einer Abrechnungsperiode in Form von Zufluß oder Wertsteigerung von *assets* oder Verringerung von *liabilities,* die in Kapitalzunahme resultieren, es sei denn, sie entstammen Zuschüssen Kapitalbeteiligter.

Nicht immer führt *income* zu einem Ausweis in der GuV, selbst wenn die Ansatzkriterien erfüllt sind; so führt beispielsweise die Anwendung der Neubewertungsmethode zu Vermögensveränderungen, die der Definition von *income* entspricht, welches aber unmittelbar dem Eigenkapital zugeführt wird (Neubewertungsrücklage) und das Ergebnis nicht verändert.

Das *framework* besagt, daß der Begriff *income* **revenue** und **gains** umfaßt. Der Begriff *revenue* wird oft gleichgesetzt mit Umsatzerlöse, er enthält aber auch Gebühren, Zinsen, Dividenden, Lizenz- und Mieterträge. Der tatsächliche Austauschprozeß ist für die buchhalterische Anerkennung von *revenue* maßgeblich. Charakteristika von *revenue* sind folgende:

1. Zustrom wirtschaftlichen Nutzens infolge der gewöhnlichen Geschäftstätigkeit, der
2. brutto ausgewiesen werden muß und
3. kapitalerhöhend wirkt.

Das Realisationsprinzip besagt, daß *revenue* erst dann realisiert wird, wenn

1. der Vereinnahmungsprozeß abgeschlossen ist, oder zumindest „so gut wie"
2. der Austausch – das wichtigste Kriterium – stattgefunden hat.

Der Begriff Austausch bedeutet nicht nur Kauf/Verkauf, sondern beinhaltet jeglichen Austausch von Rechten und Privilegien (Zinsen beispielsweise).

Ähnlich wie beim Prozeß des Zinszuwachses wird auch bei der **percentage-of-completion**-Methode der *revenue* am Fortschritt des langwierigen Projektes festgemacht. Der Vereinnahmungsprozeß wird gedanklich simultan dem Projektfortschritt zugeordnet. Ist eine zuverlässige Ertragsprognose nicht möglich, dürfen Erträge in Höhe der angefallenen Aufwendungen vereinnahmt werden.

Im Gegensatz dazu stehen Transaktionen, bei denen ernstzunehmende Unsicherheit darüber besteht, ob mit Abschluß des Projektes auch eine Zahlung erfolgen wird. Hier darf die buchhalterische Vereinnahmung erst erfolgen, wenn der Betrag tatsächlich eingegangen ist. (Beachte Punkt 4.5.2)

Revenue soll zum **fair value** bemessen werden; das ist der Betrag, für den ein *asset* ausgetauscht oder eine *liability* aufgelöst werden kann zwischen gewillten mit der Materie vertrauten Parteien bei einer durchschnittlichen Geschäftstransaktion.

Gains resultieren aus „unbedeutenden Zufallstransaktionen", die keinesfalls die Haupteinnahmequelle des Unternehmens darstellen, z.B. Wertsteigerung von *assets*, Erlöse aus dem Verkauf von Gegenständen des Anlagevermögens. Werden diese sonstigen unternehmerischen Tätigkeiten erfolgswirksam in der

GuV ausgewiesen, hat dies grundsätzlich gesondert zu geschehen. Der Nettoausweis ist zulässig.

Net income ist definiert als Einkünfte, die den Aktionären zur Verfügung stehen.

Expenses (Aufwendungen)
Abnahme wirtschaftlicher Vorteile innerhalb der Abschlußperiode in Form von Abfluß oder Substanzverlust von *assets* oder dem Entstehen von *liabilities*, was zur Kapitalabnahme führt; ausgenommen bleiben wiederum Kapitalveränderungen, die mit Ausschüttungen an Kapitalbeteiligte in Zusammenhang stehen. Folgende Punkte erachtet das IASC als charakteristisch:

1. Verzicht, der in Zusammenhang mit dem Einkommensprozeß steht
2. tatsächlicher oder erwarteter monetärer Abfluß resultierend aus der gewöhnlichen Geschäftstätigkeit
3. Abfluß wird brutto erfaßt

Analog zum Begriff *income* verläuft die Aufwandsverrechnung in der GuV, denn auch erfolgsneutrale Abwertungen aus der Währungsumrechnung z.B. sind *expenses*. Dieses Verständnis bildet die Grundlage des Konzeptes *comprehensive income*.[50]

Im Gegensatz zum US-GAAP umfaßt der Begriff *expenses* auch **losses** (Verluste). Diese entstehen aus Wertminderungen von *assets* oder Wertsteigerung von *liabilities*. Auch außerordentliche Aufwendungen, wie Verluste aus Naturkatastrophen, fallen unter diese Kategorie. Analog der Verfahrensweise bei *gains* müssen *losses* gesondert ausgewiesen werden, der Nettoausweis ist zulässig.

Charakteristika von *gains* und *losses*:

1. Ergebnis von peripheren Transaktionen und Umständen, die außerhalb der Kontrolle des Unternehmens liegen
2. können nach Herkunft, genauso auch als operative/nicht operative klassifiziert werden

Folgende Prinzipien sollen bei der Bewertung beachtet werden:

1. *Gains* resultieren oft aus Umständen, die keine Einnahme involvieren; deswegen kommt es mehr darauf an, *gains* zu realisieren als zu verdienen.
2. *Losses* werden bewertet, sobald klar wird, daß der zukünftige wirtschaftliche Vorteil eines *asset* geringer wird oder nicht mehr existiert oder daß eine *liability* entstanden ist, der kein ökonomischer Vorteil gegenübersteht.

„Other“ ... (sonstige ...)
Kategorien, die derart bezeichnet werden, z.B. *other expenses*, sollen nur einen unwesentlichen Betrag beinhalten; nach Expertenmeinung darf dieser höchstens 10 Prozent der Gesamtausgaben – um bei diesem Beispiel zu bleiben – ausmachen.

3.4.4 Mindestinhalt

nach dem Gesamtkostenverfahren

- revenue – Umsatzerlöse
- other operating income – sonstige betriebliche Erträge
- changes in inventories of finished goods – Inventurveränderungen
- raw materials and consumables used – Materialkosten
- staff costs – Personalkosten
- depreciation and amortisation expense – Abschreibung und Amortisation
- other operating expenses – sonstige betriebliche Aufwendungen
- total operating expenses – Summe der betrieblichen Aufwendungen
- profit from operating activities – Jahresüberschuß aus der gewöhnlichen Geschäftstätigkeit

nach dem Umsatzkostenverfahren

- revenue – Umsatzerlöse
- cost of sales Herstellungskosten der zur Erzielung des Umsatzes erbrachten Leistungen
- gross profit – Bruttoergebnis
- other operating income – sonstige betriebliche Erträge
- distribution costs – Vertriebskosten
- administrative expenses – Verwaltungskosten
- other operating expenses – sonstige betriebliche Aufwendungen
- profit from operating activities – Jahresüberschuß aus der gewöhnlichen Geschäftstätigkeit

3.4.5 Ansatzregeln für bestimmte Posten

- Erträge aus langfristiger Auftragsfertigung: In der Regel erfolgt die Vereinnahmung nach Fertigungsfortschritt. (Beachte Unsicherheiten in puncto tatsächlicher Zahlung! (S. Punkt 4.5.2.)

- Erträge aus Dienstleistungsverträgen: Da Dienstleistungsverträge in der Regel langfristiger Natur sind, erfolgt die Vereinnahmung der Erträge analog denen aus langfristiger Auftragsfertigung.
- Dividendenerträge: Sobald der Anspruch feststeht, darf vereinnahmt werden.
- Lizenzerträge: Grundsätzlich wird periodengerecht vereinnahmt. Die wirtschaftliche Betrachtungsweise muß berücksichtigt werden.
- Zinserträge: Die Vereinnahmung erfolgt auf Basis der Effektivverzinsung; im Falle von Finanzierungs-Leasing-Verträgen sind auch Näherungslösungen zulässig.

3.5 Statement of Non-owner Movements in Equity – Ausweis der erfolgsneutralen Eigenkapitalveränderungen

3.5.1 Definition und Bedeutung

In anderen Ländern des angelsächsischen Rechnungslegungskreises ist dieses Dokument, was nunmehr durch IAS 1 *revised* Teil des Finanzberichtes wird, bekannt als *Comprehensive Income* oder *Statement of Total Recognized Gains and Losses*. Es soll Auskunft geben auch über die Erträge und Aufwendungen, die nach IAS nicht erfolgswirksam in der GuV anzusetzen sind. Veränderungen im Eigenkapital innerhalb des Berichtszeitraumes sollen aufgezeigt werden, die nichts zu tun haben mit Einlagen von Seiten der Eigner oder mit Ausschüttungen an diese; das heißt das *Statement of Nonowner Movements in Equity* zeigt alle Kapitalveränderungen, außer denen, die aus Investments der oder Distributionen an die Eigentümer resultieren.

Als Beispiel werden angeführt die Erträge/Aufwendungen, die entstehen durch die Neubewertung des Sachanlagevermögens, was gemäß IAS 16 (*allowed alternative treatment*) erlaubt ist. Bisher wurden diese Beträge erfolgsneutral mit dem Eigenkapital verrechnet, nun sollen die in Frage kommenden IAS geändert werden, um einen Ausweis im *Statement of Nonowner Movements in Equity* zu gewährleisten; dieser ist nämlich nur zwingend, wenn ein einschlägiges IAS dies verlangt.

3.5.2 Beispiel

ABC Tralala AG
Statement of Non-owner Movements in Equity
Für die Berichtsperiode 01.01.XXX2 – 31.12.XXX2

	Angaben in TDM	
	XXX2	XXX1
Durchschuß aus Gebäudeneubewertung	500	–
Überschuß (Defizit) aus Investmentneubewertung	1.000	(1.000)
Währungsdifferenzen aus den Finanzberichten einer ausländischen Tochtergesellschaft	2.000	(2.000)
Netto *gains / losses,* die nicht in die GuV aufgenommen wurden	3.500	(3.000)
Nettogewinn des Jahres	5.000	2.800
Gesamte Netto-Kapitalveränderungen (Nicht-Eigentümer bezogen)	8.500	(200)

Quelle: Epstein, Mirza: IAS 97, New York u.a. 1997, S. 59

3.6 Cashflow Statement – Kapitalflußrechnung

Quellen: IAS 7

Die Kapitalflußrechnung ist nach IAS ein Pflichtbestandteil des Jahresabschlusses. In den USA ist dies seit 1977 ebenso der Fall. Die deutschen Rechnungslegungsvorschriften sehen dies nicht vor; eine Kapitalflußrechnung wird in der Regel lediglich als interne Zusatzinformation genutzt.

In Form und Inhalt sich erheblich unterscheidende Rechnungsarten sind international verbreitet[51]; Coenenberg z.B. hält für einen Einblick folgende rudimentärste Form für ausreichend:

Jahresüberschuß/-fehlbetrag
\+ Abschreibungen (./. Zuschreibungen zugunsten des Ergebnisses)
\+ Erhöhungen (./. Verminderungen) von langfristigen Rückstellungen
= Cashflow

Der IASC sieht das *cashflow statement* aufgrund dieser drei Vorteile als bereichernde Ergänzung zu Bilanz und GuV:

1. Es erschließt einen Einblick in die finanzielle Struktur eines Unternehmens (einschließlich seiner Liquidität und Solvenz) und in seine Fähigkeit, Beträge und zeitliche Disposition von *cashflows* zu steuern, um sich wechselnden Umständen und Möglichkeiten anzupassen.
2. Es stellt Zusatzinformation zur Bewertung von Veränderungen bei *assets, liabilities* und *equity* eines Unternehmens für die Adressaten von Jahresabschlüssen zur Verfügung.
3. Es erweitert die Vergleichbarkeit der Darstellung von betrieblicher Leistungsfähigkeit verschiedener Unternehmen durch die Elimination des Effektes unterschiedlicher Bilanzierungsverfahren für gleiche Transaktionen.

Der primäre Fokus von IAS 7 zielt natürlich auf *cash transactions*. Trotzdem enthält die Vorschrift auch eine Regelung für *noncash transactions,* die besagt, daß diese an anderer Stelle des Abschlusses, z.B. in den Fußnoten, erklärt werden sollen.

IAS 7, welches der entsprechenden US-GAAP-Regelung SFAS 95 sehr ähnelt, läßt zur Ermittlung des Cashflow für den Jahresabschluß nur die direkte (brutto) oder die indirekte Methode zu. Der direkten Methode wird der Vorzug gegeben, gleichwohl wird diese in der Praxis wesentlich seltener angewandt.

Sowohl nach IAS 7 wie nach SFAS 95 muß das *statement of cashflows* in die drei Kategorien

1. *cashflow* aus laufender Geschäftstätigkeit
2. *cashflow* aus Investitionstätigkeit
3. *cashflow* aus Finanzierungstätigkeit

unterteilt werden.

3.6.1 Aufbau des cashflow statement (allgemein)

gemäß IAS 7

POSTEN	BETRAG
Mittelzu- / -abflüsse aus laufender Geschäftstätigkeit	
Mittelzu- / -abflüsse aus Investitionstätigkeit	
Mittelzu- / -abflüsse aus Finanzierungstätigkeit	
Erhöhung / Verminderung des Bestandes an liquiden Mitteln	
Bestand liquider Mittel am Beginn des Geschäftsjahres	
Bestand liquider Mittel am Ende des Geschäftsjahrs	

3.6.2 Cashflow aus laufender Geschäftstätigkeit

Cashflow aus laufender Geschäftstätigkeit beinhaltet alle Zahlungsströme, die sich auch relativ zeitnah in der GuV widerspiegeln, und solche Veränderungen des *working capital,* die nicht zu den Investitionen oder Finanzierungen gehören.

Bei der indirekten Methode ist wie folgt zu verfahren:

(Veränderungen des *working capital* sind Wertveränderungen in den *assets* und *liabilities* der operativen Geschäftstätigkeit.)

POSTEN	BETRAG in TDM
Mittelzu- / -abflüsse aus laufender Geschäftstätigkeit	
Jahresüberschuß / -fehlbetrag vor Steuern vom Einkommen und Ertrag aus außerordentlichen Posten	XXX
Korrekturen für Abschreibungen	XXX
Beteiligungserträge	(XXX)
Zinsaufwendungen	XXX
Betriebsergebnis vor Veränderungen des working capital	*XXX*
Erhöhung / Verminderung der Forderungen	XXX
Erhöhung / Verminderung der Vorräte	XXX
Verminderung / Erhöhung der Verbindlichkeiten	XXX

Mittelzu- / -abfluß aus betrieblichen Tätigkeiten	*XXX*
Zinszahlungen	(XXX)
Einkommen- und Ertragsteuerzahlungen	(XXX)
Mittelzufluß vor außerordentlichen Posten	*XXX*
Einzahlungen / Auszahlungen aus / für außerordentliche Posten	XXX
Mittelzu- / -abflüsse aus laufender Geschäftstätigkeit, netto	**XXX**

Unter die Rubrik „Korrekturen des Jahresergebnisses“ fallen nicht nur Abschreibungen, sondern auch Veränderungen langfristiger Rückstellungen.

Unter Anwendung der direkten (brutto) Methode ergibt sich folgendes:

POSTEN	BETRAG in TDM
Mittelzu- / -abflüsse aus laufender Geschäftstätigkeit	
Einzahlungen von Kunden	XXX
Auszahlungen an Kunden und Mitarbeiter	(XXX)
Mittel aus laufender Geschäftstätigkeit	XXX
Zinszahlungen	(XXX)
Einkommen- und Ertragsteuerzahlungen	(XXX)
Mittelzufluß vor außerordentlichen Posten	XXX
Einzahlungen aus/ Auszahlungen für außerordentliche Posten	XXX
Mittelzu- / -abflüsse aus laufender Geschäftstätigkeit, netto	**XXX**

3.6.3 Cashflow aus Investitionstätigkeit

Cashflow aus Investitionstätigkeit sind Zahlungsströme, die die Zu- und Abgänge zu Sach- und Finanzanlagen und zu Wertpapieren des Umlaufvermögens, es sei denn, es handelt sich um zahlungsmittelähnliche Geldanlagen, erfassen.

Cashflow aus Investitionstätigkeit läßt sich nur direkt ermitteln:

POSTEN	BETRAG in TDM
Mittelzu- /-abflüsse aus Investitionstätigkeit	
Auszahlung für Erwerb einer Tochtergesellschaft, saldiert mit erworbenen liquiden Mitteln	(XXX)
Auszahlungen für Zugänge bei Sachanlagen	(XXX)
Einzahlungen aus Anlagenverkäufen	XXX
Einzahlungen aus Zins- und Dividendeneinkünften	XXX
Mittelzu- / - abflüsse aus Investitionstätigkeit	**XXX**

3.6.4 Cashflow aus Finanzierungstätigkeit

Cashflow aus Finanzierungstätigkeit beinhaltet Vorgänge, die die Aufnahme oder die Rückzahlung von Eigen – und Fremdkapital aus der Außenfinanzierung und den Dividendenausschüttungen abbilden.

Cashflow aus Finanzierungstätigkeit läßt sich nur direkt ermitteln:

POSTEN	BETRAG in TDM
Mittelzu- / -abflüsse aus Finanzierungstätigkeit	
Einzahlung aus Kapitalerhöhung	XXX
Einzahlungen aus / Auszahlungen für langfristiges Fremdkapital	XXX
Ausschüttungen	(XXX)
Mittelzu- / -abflüsse aus Finanzierungstätigkeit, saldiert	*XXX*
Umrechnungseffekt auf Fremdwährungszahlungen und Bestände	XXX
Erhöhung / Verminderung des Bestandes an liquiden Mitteln	XXX
Bestand liquider Mittel zu Beginn des Geschäftsjahres	XXX
Bestand liquider Mittel am Ende des Geschäftsjahres	**XXX**

Außerordentliche Geschäftsvorfälle sind jeweils dem operativen, Investitions- oder Finanzgeschäft zuzuordnen und gesondert auszuweisen.

Bei Mittelzu- /-abflüssen aus laufender Geschäftstätigkeit werden beispielsweise Einzahlungen von Kunden, Auszahlungen an Lieferanten und Mitarbeiter erfaßt, sowie alle Ein- und Auszahlungen, die mit dem operativen Geschäft verbunden sind. Zins-, Steuer- und Dividendenauszahlungen müssen gesondert aufgestellt sein. Es besteht ein Wahlrecht, die Zinszahlungen in den Finanzierungsbereich und die Dividendeneinkünfte in den Investitionsbereich einzureihen. Meist erfolgt der Ausweis von Zinsen und Ertragsteuern im operativen Teil des *cashflow statement*, während Ausschüttungen an Gesellschafter dem Teil „Finanzierungstätigkeit" zugeordnet werden.

Fremdwährungszahlungen sind zum Kurs am Zahltag oder mit Durchschnittskursen umzurechnen; die Stichtagskursmethode ist nicht erlaubt.

Der Bestand liquider Mittel am Ende des Geschäftsjahres beinhaltet Kassenbestände, Sichtguthaben, im Rahmen des *cash-management* gehaltene Guthaben (nicht solche zu Finanzierungszwecken) mit maximal drei Monaten Laufzeit. Andere liquide Mittel können auch Wertpapiere des Umlaufvermögens sein.

Zu den weiteren Offenlegungspflichten gehören

- Angaben über Änderungen des Konsolidierungskreises (Effekt, den Kauf/Verkauf von Unternehmen hatte)
- Erläuterungen von sog. *non-cash-transactions* (z. B. Kapitalerhöhung gegen Sacheinlage) bei Investitions- oder Finanzierungsgeschäften und deren Auswirkungen auf die Vermögens- und Kapitalstruktur
- Berichtigungen der Vorjahreszahlen bei Durchbrechen des Stetigkeitsprinzips

Es wird empfohlen, das *cashflow statement* nach Segmenten zu unterteilen, sowie freie Kreditlinien aufzuführen.

Zum besseren Verständnis findet sich im Anhang ein Beispiel zur Erstellung eines *cashflow statement*.

3.7 Notes – Anhanginformationen

Quelle: IAS 1 *revised*

3.7.1 Ausweispflichten

Im *framework* finden sich einige allgemeine Erklärungen den Inhalt des Anhangs betreffend, in IAS 1 *revised* nun auch detailliertere Vorschriften; demnach haben die *notes* zu enthalten:

- Sitz des Unternehmens, Rechtsform, Land der Unternehmensgründung
- Angaben über den Geschäftsgegenstand sowie die Haupttätigkeitsbereiche
- Adressen der in das Register eingetragenen Niederlassungen des Unternehmens
- Das direkte und das höchstgestellte Mutterunternehmen
- Durchschnittliche Personalstärke während des Geschäftsjahres
- Erklärung der Konformität mit den IAS (genormt)
- Informationen über die Grundlagen, auf denen der Jahresabschluß erstellt wurde, sowie über die Bilanzierungs- und Bewertungsmethoden, die bei bedeutenden Transaktionen und Vorfällen zur Anwendung kamen
- Alle Informationen, die ein IAS vorschreibt, die jedoch in keinem anderen Teil des Jahresabschlusses offengelegt werden
- Alle Informationen, die zwar nicht von einem IAS vorgeschrieben sind, aber der getreuen Darstellung dienen
- Querverweis bei den Angaben, die sich auf Positionen aus Bilanz, GuV und Kapitalflußrechnung beziehen

Dadurch, daß nunmehr sämtliche *disclosures* in den *notes* bereitgestellt werden müssen, deren Ausweisort bisher nicht bestimmt war, ist es nicht mehr möglich, sog. ergänzende Aufstellungen in Teile des Geschäftsberichtes zu verlagern, die kein Testat benötigen, denn in den meisten Ländern untersteht der Anhang der Prüfungspflicht.

Systematischer Aufbau der *notes* ist Pflicht.

3.7.2 Wahlrechte

Die Konformitätserklärung kann auch eingeschränkt gegeben werden; Bedingung hierfür ist, daß die Art der und der Grund für jede Abweichung von den IAS exakt festgehalten und bewertet wird. Ein solches *qualified statement of compliance* kann nicht erteilt werden bei unsachgerechter, das heißt nicht konformer Ausführung der Vorschriften.

Die Bilanzierungs- und Bewertungsvorschriften dürfen wahlweise im *statement of accounting policies*, einem eigenen Bericht, der dann dem Anhang vorausgestellt wird, dargelegt werden.

Auch die Methoden, die (noch) nicht von den IAS verlangt werden, sollen aufgeführt sein. Hat kein Wechsel der Bilanzierungs- und Bewertungsmaßstäbe stattgefunden, sollte diese Tatsache ebenso erwähnt werden.

3.8 Segment Reporting – Segmentberichterstattung

Quellen: IAS 14, E 51

3.8.1 Segmentdefinitionen

1. Sachlich (*Industry Segment*)
   Ein Segment ist ein abgrenzbarer Teil des Gesamtunternehmens, der Produkte oder Dienstleistungen oder Gruppen von Produkten oder Dienstleistungen an externe Dritte liefert bzw. erbringt, die sich deutlich unterscheiden von den Produkten oder Dienstleistungen anderer Teile des Unternehmens.
   Während IAS 14 auf das Produkt oder die Dienstleistung abstellt und ansonsten den Ermessensspielraum der Unternehmen großzügig bemißt, was das Unterteilen in Segmente angeht, legt E 51 auch Wert auf die Chancen – und Risikounterschiede zwischen den verschiedenen Bereichen, die die wesentlichen Marktleistungen erbringen müssen (das heißt mehr als 50 Prozent des Bereichsumsatzes oder mehr als 10 Prozent des Gesamtumsatzes); die Segmentierung soll sich am internen Berichtswesen orientieren (*management approach*).
   Die aggregierten Umsätze der einzelnen Segmente mit Externen sollen mindestens 75 Prozent des Gesamtumsatzes ausmachen.

2. Geographisch (*Geographic Segment*)
   IAS 14 definiert Segmente als abgrenzbare Teile des Gesamtunternehmens in unterschiedlichen Ländern oder Gruppen von Ländern.
   E 51 legt nicht nur Wert auf die rein „landkartenmäßige“ Unterscheidbarkeit, sondern orientiert sich wiederum an dem Chancen / Risiko Verhältnis. Die o. g. „10 Prozent – Hürde“ muß ebenso genommen werden.

3.8.2 Offenlegungspflichten

E 51, die Neufassung des IAS 14, wird vermutlich noch in diesem Sommer unverändert verabschiedet; deshalb bezieht sich folgende Aufstellung nicht mehr auf die Regelungen des „alten“ IAS 14. E 51 lehnt sich eng an den entsprechenden Neufassungsvorschlag des FASB an.

Offenlegung

- Grundsätze der Segmentierung (und ggf. Gruppenbildung)
- Geschäftstätigkeit in den dargestellten Feldern und Zusammensetzung in den Regionen
- Umsätze getrennt nach Umsatz mit Externen und mit anderen Segmenten
- Ergebnis des Geschäftsfeldes (*operating profit*)
- Angabe der *assets* und *liabilities* der einzelnen Segmente und auch der Eventualverbindlichkeiten
- Berechnungsgrundlage für den Austausch von Lieferungen und Leistungen unter den Geschäftsfeldern
- Konformität der in den Segmentberichterstattungen ausgewiesenen Beträge mit den entsprechenden Posten des Gesamtjahresabschlusses
- Angaben zu Art und Auswirkung bei Durchbrechen des Stetigkeitsprinzips, sowie Begründung dafür
- Aufteilung nach geographischen Märkten zur Angabe der Exportumsätze
- Gesamtbetrag der Abschreibungen
- Summe der Zugänge zu Sach- und Finanzanlagen
- Angabe des *net cashflow*

Eine vollständige Information ist nur für eine Art von Segmenten (sachlich oder geographisch) erforderlich; für den anderen Bereich genügt die Angabe von externen Umsätzen, identifizierbarem Vermögen und Investitionen.

Beispiel

Segmentberichterstattung der
Tralali AG
für das Geschäftsjahr vom 01.01.XXX1 bis 31.12.XXX1

Segmente	TRA	LA	LI	sonstige	Eliminierung	Konsolidiert
Umsätze						
Extern	55	50	25	10	0	140
Intern	8	7	5	2	– 22	0
Gesamt	63	57	30	12	– 22	140
Segmentergebnis	30	22	8	2	– 6	56
nicht zugeordnete Aufwendungen						– 12
Betriebsergebnis						44
Zinsaufwand	– 2	– 1	– 1	– 0,5	– 1,5	– 6
Zinsertrag	2	2	0	1	0	5
Ertragsteuern	– 4	– 3	– 1	– 2	0	– 10
Ergebnis nach Steuern						33
Sonstige Info.						
Aktiva	29	25	12	6		72
nicht zugeordnete Aktiva						16
Gesamtaktiva						88
Verbindlichkeiten						68
nicht zugeordnete Verbindlichkeit						14
Gesamtverbind – lichkeiten						82
Investitionen	6	8	5	1		
Abschreibungen	8	6	4	1		
operativer cashflow	22	19	7	2		

Quelle: Müller/Völker, WSF – Wirtschaftsseminar, Bad Homburg, 22.04.97

3.9 Earnings per Share – Gewinn pro Aktie

Quellen: IAS 33

3.9.1 Definition und Bedeutung

Die Kennziffer *earnings per share (EPS)* ist eine Verhältniszahl, deren einfachste Form durch Division von Nettoeinkommen, bzw. – verlust durch die Anzahl der im Umlauf befindlichen Aktien ermittelt wird:

$$\text{basic EPS} = \frac{\text{net income} - \text{preferred dividends}}{\text{weighted average of shares of common stock oustanding}}$$

Regelmäßig werden *EPS*-Daten von Finanzanalysten prognostiziert. „In's Verhältnis zum Aktienkurs gesetzt, erlauben sie als Price-Earnings-Ratio (Kurs-Gewinn-Verhältnis) neben einem Zeitvergleich eine Beurteilung der Preiswürdigkeit der Aktien eines Unternehmens im Vergleich zu anderen Unternehmen, zum jeweiligen Branchendurchschnitt oder aber auch zu anderen Alternativanlagen (Anleihen, Immobilien).“[52]

Börsennotierte Unternehmen werden gemäß IAS 33 dazu verpflichtet, *EPS*-Daten bezogen auf den Jahresüberschuß offenzulegen. Die entsprechende US-GAAP-Verordnung SFAS 128 schreibt in Bezug auf die tatsächliche Erfolgsstruktur des jeweiligen Unternehmens *EPS*-Berechnungen für bis zu fünf Erfolgsgrößen vor. (Jahresüberschuß, ordentlicher Jahreserfolg, außerordentlicher Jahreserfolg, Ergebnis aus Stillegung oder Verkauf von Unternehmensbereichen, Ergebnis aus der Änderung von Bilanzierungs- und/oder Bewertungsmethoden).

IAS 33 erschließt ein Regelwerk zur Bestimmung des *EPS*, da der oben aufgeführte simple Rechenweg sich nicht eignet für die komplizierte Welt der Aktienemissionen verschiedenster Couleur. Besonders dem vielzitierten „Verwässerungseffekt“ soll entgegengetreten werden. (Z. B. entspricht das Nettoeinkommen/ Jahresüberschuß nicht unbedingt dem Gewinn, der den Aktionären zur Verfügung steht.)

Es gibt nämlich bestimmte Finanzinstrumente (z. B. Wandelschuldverschreibungen), die ein Recht auf den Bezug von Aktien verbriefen. Wird dieses Recht in den folgenden Perioden ausgeübt, steigt die Zahl der Aktien und der *EPS* sinkt. Dies nennt man Verwässerungseffekt.[53] Sowohl nach IAS 33 wie nach

SFAS 128 hat der Ausweis der *basic* und der *diluted EPS* zu erfolgen, um die Bandbreite von der geringsten bis zur maximalen Verwässerung darzustellen.

Allein zur Berechnung des oben beschriebenen *basic EPS* für Unternehmen mit einer einfachen Kapitalstruktur müssen verschiedene Anpassungen in Zähler und Nenner vorgenommen werden.

3.9.2 Grundlagen der Berechnung

Im Zähler müssen vor allem die Ansprüche von Vorzugsaktien eingerechnet werden; die rückständigen Dividendenauszahlungen sollen der Höhe nach genannt sein.

Im Nenner sind zu beachten:

Transaktion	Wirkung auf die gewogene Durchschnittsrechnung
Stammaktien in Fremdbesitz zu Beginn der Abrechnungsperiode	Erhöhung der Anzahl der im Umlauf befindlichen Stammaktien um diese Zahl
Unterjährige Emission von Stammaktien	Erhöhung der Anzahl der in Umlauf befindlichen Anteile um die Zahl der ausgegebenen Aktien, multipliziert mit dem Zeitanteil des Jahres, der noch aussteht
Konvertierung in Stammaktien	Erhöhung der Anzahl der in Umlauf befindlichen Stammaktien um die Zahl der konvertierten Aktien, multipliziert mit dem ausstehenden Zeitanteil der Abrechnungsperiode
Unternehmen kauft Aktien zurück	Verminderung der Anzahl der in Umlauf befindlichen Anteile um die Zahl der zurückgekauften Aktien, multipliziert mit dem ausstehenden Zeitanteil der Abrechnungsperiode
Aktiensplitting	Erhöhung der Anzahl der in Umlauf befindlichen Anteile um die Zahl der emittierten, bzw. gesplitteten Aktien

Umkehrsplit	Verminderung der Anzahl der in Umlauf befindlichen Anteile um die Zahl der „Zurückgesplitteten“
Unternehmenszusammenschluß in Form eines „pooling of interest“	Erhöhung der Anzahl der in Umlauf befindlichen Stammaktien um die Zahl der ausgegebenen Aktien des anderen Unternehmens
Unternehmenszusammenschluß in Form eines Unternehmenskaufs	Erhöhung der Anzahl der in Umlauf befindlichen Stammaktien um die Zahl der ausgegebenen Aktien des anderen Unternehmens, multipliziert mit dem Zeitanteil der Abrechnungsperiode

Quelle: Epstein, Mirza: IAS 97, N.Y. u. a. 1997, S. 573

Im Anhang findet sich ein Beispiel zur Berechnung des *EPS* im Falle eines Unternehmens mit einfacher Kapitalstruktur, das heißt lediglich Stammaktien wurden emittiert.

4. Wesentliche Ansatzpunkte bei Bilanzierung und Bewertung

4.1 Intangible Assets – Immaterielle Vermögenswerte

Quellen: IAS 4, 9, 23, E 50

Definition: *Intangible assets* sind identifizierbare, nicht monetäre und immaterielle Ressourcen eines Unternehmens, über die das Unternehmen zur Leistungserstellung verfügt und die länger als nur eine Abrechnungsperiode lang genutzt werden.

Beispiele: Patente, Lizenzen, Urheberrechte, Trademarks, Konzessionen, EDV-Programme, Copyright, Kundenstamm bzw. -listen, Know-how.

Eine Aktivierungspflicht für *intangible assets* besteht, wenn mit großer Wahrscheinlichkeit angenommen werden kann, daß das Unternehmen durch sie wirtschaftliche Vorteile erlangen wird und die Anschaffungs- und Herstellungskosten verläßlich ermittelt werden können.

Die Ansatzvoraussetzungen bestehen, wenn das *asset* nach seiner Verwendung zu den gene-rellen Unternehmensplänen paßt und somit wirtschaftlicher Nutzen zu erzielen ist und die Mittel zur Realisierung des zukünftigen Nutzens bereitstehen.

Originärer Goodwill darf nicht aktiviert werden.

Die Bewertung bei Zugang erfolgt zu Anschaffungs-, Herstellungskosten, an den darauffolgenden Abschlußstichtagen zu fortgeführten Anschaffungs-, Herstellungskosten (*bench-mark treatment*) oder zu Neubewertungsbeträgen als Alternativmethode unter bestimmten Voraussetzungen. Die planmäßige Abschreibungszeit beträgt höchstens 20 Jahre, ein kürzerer Zeitraum darf bei kürzerer wirtschaftlicher Nutzungsdauer gewählt werden. Im weiteren (Abschreibungsmethode, Wertaufholung, Angabepflichten) gelten die Vorschriften des Sachanlagevermögens (IAS 16).

4.1.1 Research and development costs – Forschungs- und Entwicklungskosten

Definition: Forschungskosten sind Ausgaben für Aktivitäten, die neue wissenschaftliche oder technische Erkenntnisse erbringen sollen. Entwicklungskosten sind Ausgaben zur Umsetzung der Forschungsergebnisse oder anderen Erkenntnissen zur Herstellung neuer Produkte oder Verfahren im Vorstadium der kommerziellen Produktion.

Es besteht ein Aktivierungsverbot für Forschungskosten; sie sind sofort als Aufwand zu behandeln. Entwicklungskosten sind aktivierungspflichtig, wenn

1. die Neuentwicklung eindeutig abgrenzbar ist und Ausgaben genau zugerechnet werden können
2. die *feasibility* (technische Durchführbarkeit) bewiesen ist
3. eine Selbstnutzungs- oder Vermarktungsabsicht von seiten des Unternehmens besteht
4. ein Markt existiert, bei interner Nutzung der Nachweis des Nutzens erbracht wurde
5. Ressourcen bereitgestellt werden können, die die Produktion bzw. Vermarktung sicherstellen

Die Bewertung umfaßt Einzel- und Gemeinkosten, Vertriebskosten dürfen nicht einbezogen werden. Als Grundlage für die planmäßige Abschreibung dient der tatsächliche Entwicklungszeitraum (maximal fünf Jahre); außerplanmäßige Abschreibungen dürfen vorgenommen werden, wenn die zukünftig anfallenden zurechenbaren Kosten durch die zukünftig zu erwartenden Erträge nicht mehr gedeckt werden, wobei ein Wertaufholungsgebot für den Fall zu beachten ist, daß das Gegenteil der Negativprognosen eintritt.

Beispiel

Sachverhalt:

- Die Fahrradproduktions AG „Bikemaker" wendet im Abrechnungszeitraum TDM 900 für die Grundlagenforschung im Bereich Federgabeln auf.
- Mit einer Einkaufsgenossenschaft wurde in dem Jahr ein Vertrag abgeschlossen, nach dem „Bikemaker" sich verpflichten, neuartige Mutter – Kind – Bikes zu entwickeln. Dafür wurden der AG günstigste Abnahmepreise zugesichert. Es wurde eine Vertragslaufzeit von drei Jahren vereinbart. Bis September des Jahres betrug der Entwicklungsaufwand TDM 350, ab Oktober konnte mit Produktion und Verkauf der Fahrräder begonnen wer-

den. „Bikemaker" geht davon aus, daß die Erträge aus dem Verkauf der Mutter-Kind-Bikes die Entwicklungskosten decken.

Lösung:

- Weder nach HGB noch nach IAS sind die Kosten für die Grundlagenforschung aktivierungsfähig.
- Gemäß § 248 I HGB sind die Entwicklungskosten ebensowenig aktivierungsfäig.
- Nach IAS 9 jedoch besteht die Pflicht zur Aktivierung der Entwicklungskosten, da die Voraussetzungen dafür erfüllt sind:
  - Das Projekt ist genau gekennzeichnet und die Kosten zugeordnet.
  - Die *feasibility* ist gegeben, da die Räder produziert werden.
  - Es besteht die Absicht zur Nutzung des Projektes.
  - Ausreichende Mittel wurden nachgewiesen.

Die Bewertung erfolgt zu fortgeführten Herstellungskosten, da der Ertragswert höher ist. Die Vertragslaufzeit von drei Jahren bestimmt den Abschreibungszeitraum, das heißt für dieses geschäftsjahr TDM 350 x 1/3 x 3/12 = DM 29.170.-

4.2 Property, Plant and Equipment – Sachanlagevermögen

Quellen: IAS 4, 16

Definition: *Property, Plant and Equipment* umfaßt alle *assets*, die dem Unternehmen zur Herstellung oder Lieferung von Waren und Dienstleistungen oder zur Vermietung an Dritte oder zu Verwaltungszwecken zur Verfügung stehen und die länger als eine Abrechnungsperiode lang genutzt werden.

4.2.1 Aktivierung und Bewertung

Die Aktivierungsmöglichkeit besteht, wenn dem Unternehmen aus den *assets* voraussichtlich zukünftiger wirtschaftlicher Vorteil entsteht und die Anschaffungs-, Herstellungskosten verläßlich ermittelbar sind.

Die Bewertung geht zum Zugangszeitpunkt von den Anschaffungs-, Herstellungskosten aus und ergibt sich an den darauffolgenden Abschlußstichtagen aus den fortgeführten Anschaffungs-, Herstellungskosten (*benchmark treatment*) oder als Alternativmethode unter bestimmten Bedingungen aus den fortgeführten Neubewertungsbeträgen bzw. Wiederbeschaffungskosten. Auf der Passivseite ist eine entsprechende ausschüttungsgesperrte Neubewertungsrücklage zu bilden. Gemäß der tatsächlichen Nutzungsdauer, die rein wirtschaftlich bemessen wird (im Gegensatz zu steuerlichen Afa-Tabellen), soll im Falle des *benchmark treatment* planmäßig linear, degressiv oder digital abgeschrieben werden, wobei ein Wechsel nur zulässig ist, wenn der Werteverzehr durch die neue Methode besser erfaßt wird. Es besteht die Pflicht außerplanmäßig abzuschreiben, sofern der Wiederbeschaffungswert unter dem Buchwert liegt, aber auch die Wertaufholungspflicht, sollten sich die Vorzeichen wieder umkehren.

Beispiel

Sachverhalt:

- „Bikemaker" hatten im Jahr 01 eine Produktionshalle für TDM 500 gebraucht erworben. Es bestand die Absicht, die Halle 10 Jahre lang zu nutzen, weshalb in den Jahren 01 und 02 linear abgeschrieben wurde.
- Aus Kapazitätsgründen mußte im Januar des Jahres 03 für TDM 1200 eine neue Halle mit einer Nutzungsdauer von bis zu 30 Jahren errichtet werden.
- Die alte (gebraucht gekaufte) Halle wurde ab dem 01.01.04 für drei Jahre fest vermietet zu TDM 75 pro Jahr. Danach soll das dann wertlose Gebäude abgerissen werden.

Lösung:

- Nach § 253 II HGB ist die alte Halle im Jahr 03 außerplanmäßig auf den Ertragswert, der sich aus den zu erwartenden Mieteinnahmen ergibt, abzuschreiben. (3 x TDM 75 = TDM 225), da eine dauerhafte Wertminderung vorliegt.
- Nach IAS 16 ist genau wie nach HGB außerplanmäßig abzuschreiben.
- Die neue Produktionshalle ist im Jahr 03 aufgrund des stärkeren Vorsichtsprinzips nach der steuerlich typisierten Nutzungsdauer von 25 Jahren (§ 7 IV Nr. 1 EStG), das heißt faktisch wahlweise zu 2,5 Prozent oder zu 4 Prozent abzuschreiben.
- Nach IAS wird die neue Halle entsprechend der Nutzungsdauer über 30 Jahre abgeschrieben.

4.3 Investments – Finanz- und sonstige Anlagen

Quellen: IAS 25, 28, 31

4.3.1 Investments (generell)

Definition: *Investments* sind nicht betriebsnotwendige Anlagen, die der Erzielung von Zuflüssen in Form von Zinsen, Lizenzentgelten, Dividenden, Mieten oder Wertsteigerung dienen, das heißt nicht nur Finanzanlagen, sondern auch Anlagen in Grundstücken, Gebäuden, Diamanten o.ä. fallen unter diese Kategorie.

Long-term investments werden solche genannt, die voraussichtlich länger als ein Jahr im Besitz des Unternehmens bleiben.

Bewertet werden *Investments* des Umlaufvermögens zu Markt- oder Wiederbeschaffungswerten; Investments des Anlagevermögens zu Anschaffungskosten oder Neubewertungsbeträgen.

Dauerhafte Wertminderungen müssen berücksichtigt werden, während zur Wertaufholung ein Wahlrecht besteht.

Beispiel

Sachverhalt:
„Bikemaker" erwarb im Jahr 02 Aktien an der Popans AG zu TDM 200 und an der Wichtig AG zu TDM 150. Zum Bilanzstichtag, dem 31.12.03 wurden diese Aktien zu TDM 180 (Popans) bzw. TDM 220 (Wichtig) gehandelt.

Lösung:

- Nach HGB sind Aktien einzeln zu bewerten. Wird eine vorübergehende Wertminderung unterstellt, besteht ein Wahlrecht zum Ansatz des niedrigeren Wertes, wie hier bei der Popans AG. (§§ 253 II und 279 I HGB)
- Die Bilanzierung nach IAS führt zum gleichen Ergebnis, da nach IAS 25 ein Wahlrecht zur Bewertung nach Anschaffungskosten oder nach dem niedrigeren Wert im Vergleich zwischen Anschaffungskosten und Portfoliowert besteht.

4.3.2 Investments in associates – assoziierte Unternehmen

Definition: Assoziierte Unternehmen sind weder Tochterunternehmen noch *joint-ventures*, und trotzdem kann der Investor einen maßgeblichen Einfluß ausüben, der jedoch noch nicht als „Kontrolle haben über" ausgelegt werden kann. Der Investor hat die Möglichkeit, an finanziellen und operativen Entscheidungen mitzuwirken; dies wird vermutet bei einer Beteiligung von mindestens 20 Prozent.

Im Einzelabschluß sind Anteile an assoziierten Unternehmen entweder *at cost*, das heißt lediglich die Dividenden werden erfolgswirksam in der GuV erfaßt, oder *at equity*, das heißt im ersten Jahr Erfassung *at cost*, darauffolgend reflektiert die GuV nach und nach das Ergebnis des Investitionsunternehmens, oder gemäß der Neubewertungsmethode anzusetzen.

4.3.3 Investments in joint-ventures

Definition: Ein *joint-venture* ist ein Vertragsverhältnis zwischen zwei oder mehr Parteien, das der Ausführung einer wirtschaftlichen Betätigung unter gemeinschaftlicher Geschäftsführung (*joint control*) dient.

Grundsätzlich geht IAS 28 vor, das heißt wenn Anteile an einem *joint-venture* die Voraussetzungen für Anteile an assoziierten Unternehmen erfüllen, sind sie wie solche zu behandeln, ansonsten gelten die Vorschriften für Investments (IAS 25).

jointly controlled operations sind Projekte, die gemeinsam durchgeführt werden, ohne daß gemeinschaftlich über *assets* verfügt wird. Jeder Partner bilanziert die eigenen Aktiva und Passiva, verbucht die eigenen Aufwendungen und seinen Anteil an den Erlösen.

jointly controlled assets sind solche, die zur Durchführung eines *joint-venture* angeschafft und gemeinschaftlich genutzt werden. Jeder Partner bilanziert seinen Anteil an den *assets* und jene *liabilities*, die er im Zusammenhang mit dem Joint Venture allein übernommen hat, sowie seinen Anteil an den gemeinsamen *liabilities*, vereinnahmt seinen Anteil an den Erträgen und verbucht die anteiligen Aufwendungen, sowie die, die ihm alleine entstanden sind, im Zusammenhang mit der Gemeinschaftsunternehmung.

Jointly controlled entity bedeutet, daß das *joint-venture* eine eigene Rechtspersönlichkeit darstellt und somit eine eigene Rechnungslegung benötigt. Eingebrachte Aktiva werden als Beteiligungen bilanziert.

4.4 Accounting for Leases – Leasing

Quellen: IAS 4, 5, 17, 24, E 50

„Leasing ist eine vertragliche Vereinbarung zwischen einem Leasinggeber und einem Leasingnehmer, die letzterem das Recht gibt, einen bestimmten Vermögensgegenstand des Leasinggebers für eine bestimmte Dauer zu benutzen. Als Gegenleistung erbringt der Leasingnehmer die im Vertrag meist periodisch vereinbarten Leasingzahlungen. Ein wichtiger Aspekt eines Leasingvertrages ist, daß das rechtliche Eigentum an dem Leasingobjekt grundsätzlich nicht auf den Leasingnehmer übergeht."[54]

4.4.1 Finance lease – Finanzierungsleasing

Definition: Leasingverhältnis, bei dem die wesentlichen Risiken und Nutzungsmöglichkeiten dem Leasingnehmer zufallen. Es kommt nicht darauf an, ob später das Eigentum rechtlich übergeht. Der Leasinggegenstand wird dem Leasingnehmer zugeordnet.

Über die Laufzeit ist das Leasingverhältnis in der Regel nicht kündbar, womit dem Leasinggeber die Kapitalamortisation plus Vergütung ermöglicht wird.

Wenn einer der vier folgenden Punkte zutrifft, handelt es sich um *finance lease*:

- Am Ende des Leasingzeitraumes wird das Eigentum am Leasinggegenstand auf den Leasingnehmer übertragen.
- Der Vertrag beinhaltet eine *bargain purchase option (BPO)*, das heißt daß der Leasingnehmer am Ende der Laufzeit die Möglichkeit hat, den Leasinggegenstand zu einem wesentlich geringeren Preis als dem *fair value* zu erwerben. Dies muß dem Vertrag entnehmbar sein.
- Die Laufzeit des Leasingvertrages erstreckt sich über einen Großteil der wirtschaftlichen Nutzungsdauer des Gegenstandes.

- Der Barwert der mindestens zu entrichtenden Raten ist höher als der, oder entspricht in etwa dem, *fair value* des Leasinggegenstandes.

Bilanzierung beim Leasingnehmer: Es sind ein *asset* und in gleicher Höhe eine *liability* zu bilanzieren. Bewertet wird

a) nach dem *fair value* des Leasinggegenstandes *(FMV)* abzüglich etwaiger Steuervorteile und Zuschüsse oder
b) nach dem Barwert der Mindest-zahlungen *(MLP = minimum lease payments)*, falls diese niedriger ist als der *FMV*.

Bilanzierung beim Leasinggeber: Ausweis einer Forderung in Höhe des *net investment in the lease* (Nettoinvestition).

net investment = gross investment – unearned finance income

gross investments sind aus Sicht des Leasinggebers die Mindestleasingzahlungen plus der nicht garantierte Teil des Restwertes.

unearned finance income entspricht dem *gross investment* minus dem Barwert der Investition in den Leasinggegenstand.

(das heißt *net investment* ist das abgezinste *gross investment*.)

Beispiel

Sachverhalt:
Die Bikemaker AG least am 01.01.03 eine Lackiermaschine mit Anschaffungskosten und einem *fair value* von DM 100.000 vom Leasinggeber Sprüh & Lack. Die Laufzeit des Vertrages beträgt 5 Jahre und die vereinbarte Rate DM 30.000 im Geschäftsjahr. Die Maschine wird mit Ablauf der Leasingzeit das Ende ihrer Nutzungsdauer erreicht haben; ein Restwert ist insoweit dann nicht mehr vorhanden. Das Leasingverhältnis ist unkündbar.

Lösung: (nach IAS)

- Die *minimum lease payments*, die Summe der vertraglich vereinbarten Zahlungen, beträgt DM 150.000. Dieser Betrag entspricht dem *gross investment* in den Leasinggegenstand. Somit beträgt das *unearned finance income* DM 50.000.

- „Bikemaker" bilanziert zu Beginn des Leasingverhältnisses folgendermaßen:
  - Aktivierung der Lackiermaschine als Gegenstand des Sachanlagevermögens zu den Anschaffungskosten von DM 100.000

- Abschreibung über die Vertragslaufzeit von 5 Jahren
- Buchung einer Verbindlichkeit in Höhe von 100.000

▶ Der Leasingnehmer (Bikemaker) teilt in jeder Periode die gezahlten Leasingraten in einen Zins- und einen Tilgungsanteil auf nach dem, dem Vertrag zugrundeliegenden Zinssatz von z.B. 15,24 Prozent:

Jahr	Verbindlichkeit zum 01.01.	Leasingrate	Zinsaufwand	Tilgungsbetrag	Verbindlichkeit zum 31.12.
03	100.000	30.000	15.240	14.760	85.240
04	85.240	30.000	12.990	17.010	68.230
05	68.230	30.000	10.400	19.600	48.630
06	48.630	30.000	7.410	22.590	26.040
07	26.040	30.000	3.960	26.040	–

▶ Die Unterschiede zum HGB ergeben sich bei der Bilanzierung des Leasingnehmers dadurch, daß der nach IAS anzusetzenden *fair value* oder der niedrigere Barwert der *MLP* von den Anschaffungs- oder Herstellungskosten abweichen können. Außerdem richtet sich die Abschreibungsdauer nach IAS nach der tatsächlichen betriebsgewöhnlichen Nutzungsdauer, ggf. ist eine kürzere Vertragslaufzeit zu berücksichtigen.

▶ Sprüh & Lack bilanziert zu Vertragsbeginn:
- Eine Forderung von DM 100.000
- Eine Verbindlickeit in Höhe von DM 100.000

▶ Auch der Leasinggeber teilt die erhaltenen Raten in einen Zins- und einen Tilgunganteil auf:

Jahr	Verbindlichkeit zum 01.01.	Leasingrate	Zinsaufwand	Tilgungsbetrag	Verbindlichkeit zum 31.12.
03	100.000	30.000	15.240	14.760	85.240
04	85.240	30.000	12.990	17.010	68.230
05	68.230	30.000	10.400	19.600	48.630
06	48.630	30.000	7.410	22.590	26.040
07	26.040	30.000	3.960	26.040	–

▶ Beim Leasinggeber ergeben sich die Unterschiede zum HGB daraus, daß nach HGB die Forderung in Höhe der den Leasingraten zugrundegelegten Anschaffungs- oder Herstellungskosten bilanziert werden muß, während nach IAS der Ansatz nach dem Barwert der Leasingraten (einschließlich des garantierten Restwerts) zuzüglich des Barwertes des nicht garantierten Restwertes erfolgt.

4.4.2 Operating lease – Mietleasing

Definition: *operating lease* definiert sich durch Negativabgrenzung von *finance lease* (die vier Kriterien aus 4.4.1. sind zu beachten).

Der Leasinggegenstand wird dem Leasinggeber zugeordnet.

Bilanzierung beim Leasingnehmer: Die Raten sind als Aufwand zu verbuchen, wobei die Erfassung die zeitliche Struktur widerspiegeln muß, über die der Gegenstand Nutzen stiftet.

Bilanzierung beim Leasinggeber: Der Vermögensgegenstand wird in das Sachanlagevermögen aufgenommen und ist über die wirtschaftliche Nutzungsdauer abzuschreiben. Die Leasingerlöse sind linear über die Vertragslaufzeit zu vereinnahmen.

4.4.3 Sale-leaseback transactions

Definition: *sale-leaseback* ist der Name für Transaktionen, bei denen der Besitzer eines Vermögensgegenstandes (Verkäufer und Leasingnehmer) diesen verkauft und sofort teilweise oder komplett vom neuen Besitzer (Käufer und Leasinggeber) least.

Es erfolgt kein physischer Transfer des Gegenstandes, jedoch sind die beiden Rechtsgeschäfte a) Eigentumsübertragung vom Verkäufer auf den Käufer und b) die Übertragung des Rechtes, den Gegenstand zu Nutzen, vom Leasinggeber (Käufer) auf den Leasingnehmer (Verkäufer) getrennt zu beurteilen.

Resultiert der Vorgang in ein *finance lease*, wird der Ertrag aus dem Verkauf (beim Verkäufer / Leasingnehmer) passivisch abgegrenzt, also über die *leaseback* Periode verteilt.

Resultiert die Transaktion in ein *operating lease*, und die Leasingraten sind eindeutig auf Basis des *fair value* berechnet, sind Gewinne oder Verluste direkt zu verbuchen.

- Liegt der Verkaufspreis unter dem *fair value*, müssen Gewinn oder Verlust sofort ausgewiesen werden, es sei denn, die Leasingraten kompensieren den Verlust, der dann abzugrenzen und proportional mit den Leasingraten über die zu erwartende Nutzungsdauer aufzulösen ist.
- Liegt der Verkaufspreis über dem *fair value*, ist die Differenz abzugrenzen und über die Nutzungsdauer aufzulösen.
- Liegt der *fair value* zur Zeit der *sale-leaseback*-Transaktion unter dem Buchwert, ist der Verlust (Differenz: Buchwert minus fair value) sofort zu realisieren.

4.5 Inventories – Vorräte

Quellen: IAS 2

Die Bewertung hat allgemein die Anschaffungs- oder Herstellungskosten als Grundlage oder den *net realizable value* (*NRV*), der als geschätzter Verkaufserlös abzüglich der bis zur „Verkaufsreife" anfallenden Aufwendungen und der mit dem Verkauf in Zusammenhang stehenden Kosten definiert wird.

Für verarbeitende Betriebe wird die klassische Unterteilung in Fertig-, Unfertigerzeugnisse und Rohstoffe empfohlen. Bei diesen kann von der absatzmarktorientierten Bewertung abgewichen werden; man darf sie zu den niedrigeren Wiederbeschaffungskosten ansetzen, wenn die resultierende Bewertung dem niedrigeren Nettorealisationswert der nachgelagerten Fertigprodunkte nicht widerspricht. Sobald die Abwertungsgründe wegfallen, entsteht die Pflicht zur Wertaufholung.

Es besteht ein Verrechnungswahlrecht der Anzahlungen auf langfristige Fertigungsaufträge mit den Vorräten.

Vertriebs- und allgemeine Verwaltungskosten dürfen nicht aktiviert werden, genausowenig Fremdkapitalzinsen. Ein Aktivierungswahlrecht besteht hingegen für Fremdkapitalzinsen bei Vorratsgegenständen, die im Rahmen von langfristigen Aufträgen erst hergestellt werden müssen. Als nachträgliche Anschaffungskosten dürfen Währungsdifferenzen im Falle von starker Abwertung angesetzt werden.

Als Verbrauchsfolgeverfahren läßt der IASC die FIFO-Methode und die gewogene Durchschnittsbewertung zu, sofern keine Einzelbewertung möglich ist (*benchmark*).

Die LIFO-Methode ist als Alternative erlaubt, wenn im Anhang der Unterschiedsbetrag zwischen dem niedrigeren Wert nach FIFO, gewogenem Durchschnitt oder *NRV* und dem LIFO-Wert erläutert wird.

Wenn die Differenz zu den gegenwärtigen Kosten unwesentlich ist, dürfen auch die *retail method* (Verkaufspreis-zu-Kosten-Verhältnis Methode für Einzelhändler) und die Standardkostenmethode (auf Basis der Normalauslastung und bei periodischer Justierung) angewand werden.

Festbewertungsverfahren sind verboten, Gruppenbewertung wird in den IAS nicht besprochen.

Die Faktoren, die den Wert am Stichtag beeinflussen, sind maßgeblich. (Kein Niederstwertprinzip). Steuerrechtliche Abschreibungen dürfen nicht vorgenommen werden. Beim Wegfall von Gründen, die für eine Abwertung sprachen, muß Wertaufholung vorgenommen werden. Obergrenze sind immer die historischen Anschaffungs-, Herstellungskosten.

4.5.1 Beispiele

A) Sachverhalt:
Die Bikemaker AG hat zum Bilanzstichtag Rohstoffe für die Herstellung von Sätteln mit folgenden Werten im Bestand (Angaben in TDM):

▶ Lederimitat	90	(Anschaffungskosten)	80	(Marktpreis)
▶ Füllstoff	100	(Anschaffungskosten)	95	(Marktpreis)
▶ Metallfedern	200	(Anschaffungskosten)	210	(Marktpreis)
▶ Stützen	220	(Anschaffungskosten)	225	(Marktpreis)

Lösung:

- Nach HGB gilt das strenge Niederstwertprinzip (§ 253 III HGB); danach sind die Stoffe abzuschreiben.
- Gemäß IAS 2 sind Änderungen den Beschaffungsmarktpreis betreffend nur zu berücksichtigen, wenn sich dies auf den *NRV*, das heißt die Absatzmarktpreise auswirkt. Da die Summe der Rohstoffpreise unverändert ist, wird nicht davon auszugehen sein.

B) Sachverhalt:
Weiterhin befinden sich im Lager 2500 unverkaufte Sättel. Folgende Kostenbestandteile sind pro Stück zu berücksichtigen (Angaben in DM):

- Materialkosten: 15.– (Einzelkosten) 5.– (Gemeinkosten)
- Fertigungskosten: 3.– (Einzelkosten) 1.– (Gemeinkosten)
- Vertriebskosten: 0,50
- Verwaltungskosten: 1.–

Die entsprechenden Aufwendungen sind im Jahresüberschuß berücksichtigt.

Durch Marktpreissenkungen werden sich die Materialkosten ab sofort auf 9.– DM/Stk. verringern. Vermutlich muß der Verkaufspreis sich aus Konkurrenzgründen ebenfalls verringern und zwar ebenfalls um DM 6.– von DM 30.– auf DM 24.–

Lösung:
- Das HGB erlaubt es, wahlweise nur die Einzelkosten (DM 18.–) oder die Gesamtkosten ohne Vertriebskosten (DM 25.–) anzusetzen (§ 255 II HGB). Wegen des Niederswertprinzips (§ 253 III HGB) aber sind die niedrigeren Wiederherstellungskosten (DM 12.– bzw. DM 19.–) zu aktivieren, was einen Gesamtwert von DM 30.000.– bzw. DM 47.500.– ergibt.
- IAS 2 bestimmt die Aktivierung der Herstellungskosten zu Vollkosten, das heißt DM 25.– sind anzusetzen. Der *NRV* liegt jedoch unter diesem Wert, nämlich bei DM 23,50 (gesenkter Verkaufspreis nach Berücksichtigung der Vertriebskosten). So ergibt sich ein Gesamtwert von DM 58.750.–. (Prinzip der verlustfreien Bewertung).

4.6 Construction Contracts – Langfristige Fertigungsaufträge

Quellen: IAS 8, 11, 23

4.6.1 Grundlagen

Bei langfristigen Fertigungsaufträgen erfolgt die Gewinnrealisierung nach Leistungsfortschritt, nicht erst nach Abschluß der Arbeiten. Das Wesentliche an der Geschäftstätigkeit ist nämlich, daß fortlaufend verkauft wird, während die Arbeiten fortschreiten.

Soweit jedoch keine zuverlässige Ertragsprognose möglich ist, dürfen nur Erträge in Höhe der angefallenen Aufwendungen realisiert werden. Erwartete Verluste müssen sofort erfolgswirksam behandelt werden.

IAS 11 anerkennt ausschließlich die sog. *percentage-of-completion method* zur Erfassung von Fertigungsaufträgen, das heißt Gewinnrealisierung nach Leistungsfortschritt. Bei dieser Methode wird ein sog. *construction-in-progress (CIP)* Konto benutzt, um auflaufende Vertragskosten und Erträge zu realisieren. Wenn das *CIP* höher ist als die gestellten Rechnungen, ist die Differenz als *current asset* zu verbuchen, im umgekehrten Falle als *current liabilty*.

Folgende Kosten gelten als Vertragskosten:

1. Kosten für Materialien, die im Zuge eines bestimmten Fertigungsvertrages verbraucht werden
2. Löhne und Lohnnebenkosten, die direkt dem Vertrag zuzuordnen sind
3. Abschreibung für Maschinen, die zur Vertragserfüllung benutzt werden
4. Miete, Leasingkosten für Maschinerie, die extra für den Auftrag besorgt wurde
5. Transportkosten, um die Ausrüstung zum Vertragsort zu schaffen und wieder zurück
6. Kosten für design- und technische Arbeiten, die direkt zuzuordnen sind
7. prognostizierte Garantiekosten
8. Ansprüche von Dritten

Kriterien zur Identifikation von Vertragskosten sind:

1. Sie können einzeln identifiziert werden
2. Sie können verläßlich gemessen werden
3. Es ist wahrscheinlich, daß der Vertrag erfüllt wird

4.6.2 Percentage-of-completion methode

Die populärste Anwendungsform der *percentage-of-completion* Methode ist die sog. *cost-to-cost method*, die den laufenden realisierten Ertrag bzw. den Bruttogewinn nach folgenden Formeln errechnet:

$$\frac{\text{bisherige Kosten}}{\text{aufgelaufene Kosten} + \text{geschätzte Kosten bis zur Vollendung}} \times \text{Vertragspeis} - \text{bisher realisierbare Erträge} = \text{laufender realisierbare Erträge}$$

$$\frac{\text{bisherige Kosten}}{\text{aufgelaufene Kosten} + \text{geschätzte Kosten bis zur Vollendung}} \times \begin{array}{c}\text{erwarteter}\\ \text{Gesamtgewinn}\\ \text{brutto}\end{array} - \begin{array}{c}\text{bisher}\\ \text{realisierbare}\\ \text{Bruttogewinn}\end{array} = \begin{array}{c}\text{laufender}\\ \text{realisierbare}\\ \text{Bruttogewinn}\end{array}$$

Sobald die laufenden geschätzten Gesamtvertragskosten die laufenden geschätzten Gesamtvertragserträge übersteigen, soll eine Rückstellung für den Totalverlust des Vertrages gebildet werden.

Gemeldeter Verlust = erwarteter Gesamtverlust + sämtlicher bisher realisierter Gewinn

Offenlegungspflichten:

- Höhe des Betrages, der in der Abrechnungsperiode als Ertrag aus dem langfristigen Fertigungsvertrag erfaßt wurde
- Methodik zur Bestimmung dieses Betrages und Fertigungsstandes der Periode
- aufgelaufenen Kosten und entstandene Gewinne / Verluste
- Höhe der erhaltenen Anzahlungen und Einbehalte

4.7 Deferred Taxes – Latente Steuern

Quellen: IAS 12, E 49

4.7.1 Definitionen

- current tax expense: Die auf das steuerliche Ergebnis des Geschäftsjahres entfallende Steuer
- deferred tax expense: Rückstellungen für latente Steuern
- tax expense: *current tax expense* plus *deferred tax expense*
- temporary differences: Unterschied zwischen steuerlichem und IAS Wertansatz für ein *asset* oder eine *liability*, der zukünftig zu steuerbaren oder steuerabzugsfähigen Beträgen führen wird. (Bilanzorientiert)

- timing differences: Unterschiede vom steuerlichen zum IAS Ergebnis, die sich in Zukunft „umkehren". (GuV orientiert) Alle *timing differences* sind auch *temporary differences,* aber nicht umgekehrt.

4.7.2 Methoden

Zur Zeit dürfen noch die GuV orientierte *deferral method*, und die bilanzorientierte *liability method* (der Steueraufwand wird aus den beiden Komponenten *current tax expense* und *deferred tax expense* berechnet) angewandt werden, ab 1998 nur noch die *liability method.*

Die *deferral method* basiert auf der dynamischen Bilanztheorie; es steht die periodengerechte Erfolgsermittlung im Vordergrund, das heißt der ausgewiesene Erfolg und der Steueraufwand einer Periode sollen sich entsprechen. Die Positionen, die aus einer Steuerabgrenzung entstehen, werden als Rechnungsabgrenzungsposten, bzw. Rückstellungen ausgewiesen. Als Berechnungsgrundlage dienen die Steuersätze z.Z. der Entstehung der Differenz; Anpassungen an geänderte Sätze werden nicht vorgenommen.[55]

Die *liability method* hingegen basiert auf der statischen Bilanztheorie, das heißt die korrekte Darstellung der Forderungen und Verbindlichkeiten eines Unternehmens steht im Vordergrund. Daraus folgt, daß latente Steuern als Verbindlichkeit für zukünftige zu zahlende Steuern oder als Forderungen – Vorauszahlungen auf künftige Steuern – auszuweisen sind. Die Höhe beider Posten hängt von dem zukünftigen Steuersatz ab, so daß dieser maßgeblich ist. Es werden Berechnungen aufgrund der für den Zeitpunkt der Umkehr erwarteten Sätze durchgeführt und ständig angepaßt.[56]

Es bestehen Bilanzierungswahlrechte für quasi-permanente Differenzen. Steuerliche Verlustvorträge werden nicht angesetzt, es sei denn, sie sind realisiert, aufgrund künftiger Erträge werden sie ohne Zweifel realisiert oder die passivischen *timing differences* werden sich während der Nutzungsdauer der Verlustvorträge wieder umkehren.

Der überarbeitete IAS, der weitgehend dem US-amerikanischen SFAS 109 gleicht, ist ab dem 01.01.1998 zwingend anzuwenden, vorherige Umstellung ist erlaubt. Es folgen die grundlegenden Aspekte des IAS 12 *revised*:

- Enthalten sind die Bilanzierungsvorschriften zur Ermittlung der *current tax expense*, sowie für *deferred taxes.*

- *current tax expense* ist im gleichen Jahr ergebniswirksam zu bilanzieren.
- Steuerliche Vorteile aus einem Verlustrücktrag sind ergebniswirksam zu aktivieren.
- Latente Steuern aus *temporary differences* sind generell zu aktivieren bzw. passivieren Aktivierungspflicht besteht aber nur, wenn eine Realisierung der aktiven Posten aufgrund künftigen ausreichendem steuerlichen Einkommen vermutet wird.
- Der Wertansatz der aktiven Steuerabgrenzung muß zu jedem Bilanzstichtag überprüft werden und ist, wenn notwendig, ergebniswirksam anzupassen.
- Der Bewertung hat der Steuersatz zugrunde zu liegen, der aller Voraussicht nach zum Zeitpunkt der Realisierung oder Verrechnung der latenten Steuern Geltung haben wird.
- Veränderungen der aktiven und der passiven latenten Steuerabgrenzungen müssen in der gleichen Abrechnungsperiode ergebniswirksam bilanziert werden.
- Aktive und passive Posten müssen in getrennten Positionen ausgewiesen werden; eine Saldierung aktiver und passiver Steuerabgrenzungen ist nur gegenüber derselben Steuerbehörde möglich.
- Aktive und passive latente Steuern dürfen nicht abgezinst werden.

Das IASC hat ein sog. *background paper on Income Taxes* verfaßt, um Details klarzustellen; die Vielzahl der Angabepflichten enthält auch die zur Erstellung einer Überleitungsrechnung entweder vom theoretischen Steueraufwand (Ergebnis im IAS-Abschluß mal Steuerrate) zum tatsächlichen Steueraufwand oder vom theoretisch anzuwenden Steuersatz zum tatsächlichen durchschnittlichen Steuersatz.

4.8 Provisions-Rückstellungen (allgemein)

Quellen: IASC framework, E 59

Definition: Rückstellungen sind ausschließlich dann erlaubt, wenn eine gegenwärtige Verpflichtung besteht, wirtschaftliche Vorteile als Ergebnis eines Ereignisses in der Vergangenheit zu übertragen. Eine gegenwärtige Verpflichtung liegt vor, wenn dem Unternehmen keine realistische Alternative zur Übertragung der Vorteile bleibt.

Dies bedeutet, daß nur Pflichtrückstellungen erlaubt sind, die eine Verpflichtung von außen voraussetzen; die bloße Möglichkeit einer Inanspruchnahme reicht nicht aus. Auch Rückstellungen für drohende Verluste dürfen nur dann vorgenommen werden, wenn am Bilanzstichtag tatsächlich eine Verpflichtung Dritten gegenüber besteht. Vor allem aber heißt dies, daß Aufwandrückstellungen verboten sind.

Rückstellungen für Umstrukturierungsmaßnahmen setzen ebenso eine nachweisbare Verpflichtung – Managemententscheidung ist nicht ausreichend – voraus; die öffentliche Bekanntgabe vor dem Bilanzstichtag gilt als verpflichtend, wenn nicht zu vermuten steht, daß der Plan wieder verworfen wird.

Beim Verkauf oder der Schließung von Unternehmensteilen müssen etwaige Gewinne bei der Höhe der Rückstellungen berücksichtigt werden.

Die Höhe der Rückstellung richtet sich nach dem *best estimate*, das heißt muß bestmöglich geschätzt werden, wobei zukünftige Ereignisse, die die Betragshöhe beeinflussen können, wie z.B. Gesetzesänderungen, mit in Betracht gezogen werden sollen, soweit es objektiv genügend Anhaltspunkte dafür gibt, daß die Ereignisse auch eintreten.

Langfristige Rückstellungen müssen abgezinst werden.

Ein Saldierungswahlrecht mit Gegenansprüchen kann nur wahrgenommen werden, wenn keine originäre Verpflichtung mehr besteht.

4.8.1 Beispiele

A) Sachverhalt:
Mitte des Geschäftsjahres plant die Bikemaker AG ihr Lager neu verputzen und isolieren zu lassen. Aus Zeitgründen wurden diese Arbeiten, die in etwa TDM 200 kosten werden, in die nächste Abrechnungsperiode verschoben.

Lösung:

- Gemäß § 249 I HGB besteht das Wahlrecht, Rückstellungen für unterlassene Instandhaltungsmaßnahmen zu passivieren, sofern diese innerhalb eines Jahres nachgeholt werden.

- IAS 10 gebietet, daß auch Rückstellungen die Voraussetzungen von *liabilities* zu erfüllen haben, was bedeutet, daß nur Verpflichtungen gegenüber Dritten zur Bildung von Rückstellungen führen können, nicht aber reiner Aufwand.

B) Sachverhalt:
Im Jahr 03 hat die Bikemaker AG für das Jahr 04 einen Festpreisauftrag zur Lieferung von 10.000 Citybikes à DM 450.– angenommen, um die Produktionsauslastung zu erhöhen. Voraussichtlich werden die variablen Kosten pro Stück DM 380.– betragen, die fixen DM 90.–.

Lösung:
- Für das Jahr 03 besteht laut § 249 I HGB die Verpflichtung zur Bildung einer Rückstellung für drohende Verluste aus schwebenden Geschäften. Allerdings wird derzeit noch diskutiert (ADS § 253 TZ 254), ob die noch anfallenden Aufwendungen zu Teil- oder Vollkosten angesetzt werden müssen, was für diesen Fall bedeutet, daß im Prinzip ein Wahlrecht besteht, da nur beim Vollkostenansatz tatsächlich ein Verlust droht. (10.000 x DM 20.- = TDM 200)
- Gemäß IAS 10 liegt keine Vermögensbelastung vor, da durch o.g. Auftrag ein zusätzlicher Deckungsbeitrag erzielt werden kann. Somit verbietet sich eine Rückstellungsbildung für den Abschluß des Jahres 03.

4.9 Accounting for Pensions – Pensionsverpflichtungen

Quellen: (IAS 19), E 54

Der bereits veröffentlichte E 54, der IAS 19 ablösen wird, enthält hinsichtlich der Rechnungslegung über Pensionsverpflichtungen einige wesentliche Änderungen gegenüber seinem Vorgänger, wie z. B. das Festlegen eines Bewertungsverfahrens. Deshalb bezieht sich das Folgende größtenteils auf die Bestimmungen des E 54.

(E 54 regelt außer den Pensionsverpflichtungen auch sonstige Arbeitnehmervergünstigungen, wie z. B. Boni und bezahlte Ausfallzeiten.)

Begriffsdefinitionen:

- accrued benefit valuation methods: Versicherungsstatistische Bewertungsmethoden, die die Pensionsansprüche der Arbeitnehmer reflektieren, basierend auf der bis zum Bewertungsstichtag erbrachten Arbeitsleistung. Annahmen über künftige Gehaltsstrukturen bis zum Rentenalter können implementiert sein.
- accrued benefit obligation (ABO): Barwert der zum Stichtag verdienten Pensionsansprüche.
- projected unit credit method (PUC): Ausformung der *accrued benefit method*.
- defined benefit pension plan: Pensionszahlungspläne, die die zu zahlenden Beträge determinieren, in der Regel auf Basis der Löhne der Arbeitnehmer und / oder ihrer Dienstjahre.
- projected benefit obligation (PBO), auch als defined benefit obligation bekannt: Barwert der zum Stichtag verdienten Pensionsansprüche unter Berücksichtigung der zukünftigen Gehaltssteigerungen. (Brutto-Verpflichtung)
- defined benefit liability: Barwert der *PBO* zum Bilanzstichtag (Netto-Verpflichtung nach bestimmtem Schema gemäß E 54 zu berechnen)
- past service cost: Aufwand für Ansprüche, die in vergangenen Jahren erarbeitet wurden. Sie werden für Aktive über die verbleibende Zeit der Betriebszugehörigkeit aufgeteilt.
- Retirement benefit expense: GuV-wirksame Posten der Altersversorgung

Zur Bewertung der Pensionsverpflichtungen läßt E 54 nur noch die *PUC*-Methode zu, da die Vergleichbarkeit der Jahresabschlüsse bei Anwendung derselben Methode signifikant erhöht wird.

Der Rechnungszins soll künftig von der Umlaufrendite festverzinslicher Industrieobligationen abgeleitet werden, deren Laufzeit mit der Fälligkeit der Pensionsverpflichtungen übereinstimmt.

Generell sind die Verhältnisse am Bilanzstichtag mit Blick auf die Laufzeit der Verpflichtungen maßgeblich.

4.9.1 Versorgungsaufwand

E 54 enthält genaue Vorschriften zu den *retirement benefit expenses*; danach gehören zum Versorgungsaufwand:

- current service cost: Der laufende Dienstzeitaufwand entspricht dem versicherungsmathematischen Barwert der in der Wirtschaftsperiode erdienten Pensionsansprüche. Ermittlungsgrundlage ist die *PUC*-Methode.
- (+) interest cost: Zinsen auf die *PBO* zum Beginn der Abrechnungsperiode (Zinssatz s.o.)
- (–) expected return on any plan asset: Der erwartete Kapitalertrag auf das Planvermögen basiert auf den Markterwartungen zu Beginn des Geschäftsjahres hinsichtlich des Ertrages über die Gesamtlaufzeit der Pensionsverpflichtung.
- (+/–) actuarial gains and losses, to the extent that they fall outside the 10 Prozent corridor: Versicherungsmathematische Gewinne oder Verluste können verschiedener Natur sein, z.B. aus Abweichungen zwischen der tatsächlichen und der erwarteten Entwicklung des Risikoverlaufs oder Schätzungsänderungen resultieren. Grundsätzlich sind *actuarial gains and losses* nicht ergebniswirksam in der GuV zu erfassen; überschreiten die akkumulierten Werte aber 10 Prozent des Maximums aus dem Barwert der Pensionsverpflichtungen vor Abzug des Planvermögens und dem Marktwert des Planvermögens, sind sie im vollen Umfang als Aufwand der laufenden Periode zu erfassen.
- (+) past service cost for former employees and, to the extent recognized, for current employees: Vergangenheitsaufwand sind Kosten, die bei Einführung eines *defined benefit plan* oder der Erhöhung einer bestehenden Leistungszusage anfallen. *Past service costs* für bereits ausgeschiedene Mitarbeiter werden im Jahr der Verursachung erfaßt (in Bilanz und GuV), während solche für Aktive
  a) auf die durchschnittliche Restdienstzeit der betroffenen Arbeitnehmer verteilt werden oder
  b) ebenso im vollen Umfang in die GuV eingehen und in der *defined benefit liability* auszuweisen sind. Die Endfassung des E 54 wird sich auf eine Alternative beschränken.
- (+/–) the effect of any curtailments or settlements: Kürzungen von Pensionszusagen oder Abfindungen reduzieren in der Regel Ansprüche auf künftige Pensionsleistungen.

E 54 enthält äußerst umfangreiche Offenlegungspflichten. Besonders zu beachten ist , daß die Höhe jedes einzelnen in die Bewertung eingehenden Parameters getrennt ausgewiesen werden muß.[57]

4.10 Bilanzierungsänderungen, wesentliche Fehler

Quellen: IAS 8

4.10.1 Definitionen

- Changes in Accounting Estimates: Änderungen von Bilanzierungsannahmen, die auf neuen Erkenntnissen, Erfahrungen oder Entwicklungen basieren, sind in der laufenden Periode als Ergebnis zu erfassen; eine rückwirkende Änderung von Vorjahresabschlüssen ist nicht nötig.
- Fundamental Errors: Wesentliche Fehler haben einen so signifikanten Effekt auf die Finanzberichte einer oder mehrerer Perioden, daß nicht mehr angenommen werden kann, daß sie zum Zeitpunkt ihrer Erstellung zuverlässig waren.
- Change in Accounting Principles: Die Änderung von Bilanzierungs- bzw. Bewertungsmethoden ist nur legitim, wenn sie der besseren Darstellung im Jahresabschluß dient oder der Gesetzgeber bzw. ein anderes maßgebliches Organ (IASC z. B.) dies fordert.
- Pro forma information: Finanzielle Information, die auf einer „Als-ob"-Basis erstellt wurde. Die Offenlegung des erforderlichen Zahlenmaterials, berechnet unter der Vermutung, daß bestimmte Ereignisse bekannt geworden sind.

4.10.2 Verfahren

Als *benchmark treatment* im Falle von *fundamental errors* gilt die Korrektur der Vorjahreszahlen, bzw. das Erfassen gegen den Gewinnvortrag. Art und Betrag des Fehlers müssen erklärt werden.

Die *allowed alternative* ist die Erfassung der Korrektur im laufenden Jahr; es müssen proforma Angaben für die Vorjahre gemacht werden. Art und Betrag des Fehlers sind zu erklären.

Im Falle von *accounting changes* ist analog zu verfahren; kann ein Anpassungsbetrag für Vorperioden nicht genau ermittelt werden, wird die geänderte Methode nur auf Geschäftsvorfälle angewandt, die nach der Entscheidung zur Änderung anstehen.

4.11 Foreign Currency – Fremdwährungsumrechnung

Quellen: IAS 21

Begriffsdefinitionen

closing rate: Die Größe bezieht sich auf den *spot rate* am Bilanzstichtag (Stichtagskurs)

spot rate: sog. Kassakurs, Wechselkurs bei sofortiger „Geldübergabe“

foreign entity: Unternehmen, das weitestgehend selbständig operiert und seine Geschäftstätigkeit ausübt

foreign operations: Der Begriff bezieht sich auf Tochtergesellschaften, assoziierte Unternehmen, *joint-ventures* und andere Zweigstellen, deren Geschäfte als unselbständige Fremdwährungstransaktionen der Muttergesellschaft anzusehen sind.

Als Unterscheidungskriterien für *foreign entities* und *foreign operations* gelten u.a. *cashflow*, Finanzierung, Währung der Aufwendungen und Erträge und Umfang und Art der Beziehungen zur Muttergesellschaft.

Die Klassifizierung eines Unternehmens in die jeweilige Kategorie bestimmt die Umrechnungsmethode bei der Darstellung ausländischer Jahresabschlüsse.

Hat eine Tochtergesellschaft ihren Sitz in einem Hochinflationsland, ist der Jahresabschluß vor seiner Umrechnung nach den Vorschriften von IAS 29 umzubewerten.

4.11.1 Umrechnung der Jahresabschlüsse von foreign operations

- Monetäre Posten werden zum Stichtagswert umgerechnet.
- Nicht – monetäre Posten, die zu historischen Kosten bewertet sind, sollen zu dem Wert berechnet werden, der am Tag der Transaktion galt.

- Nicht-monetäre Posten, die zum *fair value* angesetzt sind, sollen Wechselkursen unterliegen, die existierten, als der *fair value* determiniert wurde.
- Generell sollen alle Einnahmen und Ausgaben zu den Wechselkursen der jeweiligen Transaktionsstichtage umgewandelt werden. Näherungswerte, z.B. Durchschnittskurse zu Monatsenden zur Darstellung der jährlichen Aufwands – / Ertragszahlen, dürfen verwendet werden.
- Umrechnungsdifferenzen sind in den Perioden erfolgswirksam zu behandeln, in denen sie aufgetreten sind. (Als Ausnahme gelten solche monetären Posten, die mit dem *net investment* der Muttergesellschaft in die *foreign operation* in Zusammenhang stehen. Umrechnungsdifferenzen aus solchen Posten werden als separate Komponente des Eigenkapitals ausgewiesen.)
- Die Umrechnung der Kosten für und der Abschreibung von Sachanlagevermögen hat zu den Wechselkursen des Erwerbszeitpunktes zu erfolgen. Bei Neubewertung gilt das Datum derselben als maßgeblich.
- Bestände werden ebenfalls zum Wechselkurs am Anschaffungstag umgerechnet, es sei denn, sie wurden zu Marktpreisen bewertet; dann gilt der Kurs des Tages, an dem die Bewertung stattgefunden hat.

4.11.2 Umrechnung der Jahresabschlüsse von foreign entity

IAS 21 beschreibt mehrere Umrechnungsmethoden, legt sich aber auf die sog. *current rate method* fest, die die *foreign entity* als eigenständiges Unternehmen begreift, in welches die Mutter investiert hat.

Folgende Regeln gelten:

- Alle *assets* und *liabilities*, ob monetäre Posten oder nicht-monetäre, werden zum Stichtagskurs umgerechnet.
- Posten der GuV sind mit dem Kurs zum Transaktionszeitpunkt umzurechnen. (Bei Hyperinflationsländern zuerst IAS 29 beachten, das heißt Stichtagskurs zugrunde legen.)
- Umrechnungsdifferenzen sind bis zum Abgang der Beteiligung separat im Eigenkapital auszuweisen. (Im Falle von Minderheitsbeteiligungen hingegen sollen die Umrechnungsdifferenzen nicht im Eigenkapital, sondern in der extra aufgeführten Kategorie Minderheitsbeteiligungen genannt werden.)

- Wird eine *foreign entity* verkauft, aufgelöst oder trennt sich die Muttergesellschaft auf andere Weise komplett von ihr, sind die akkumulierten und bisher zurückgestellten Umrechnungdifferenzen sofort erfolgswirksam zu behandeln.

Zum besseren Verständnis findet sich im Anhang ein praktisches Beispiel.

5. Zusammenfassende synoptische Darstellung der Rechnungslegungsarten

	HGB	IAS	US-GAAP
		Rahmenbedingungen	
Art der Rechnungslegung	rechtlich kodifiziertes Handelsgesetz, detaillierte gesetzliche Vorschriften	nicht bindende Empfehlungen, noch kein vollständiges systematisches Regelwerk	teilweise gesetzlich geregelt (SEC), keine einheitliche rechtlich kodifizierte Quelle, fallweise Regelungen
Entwicklung der Regeln	per Gesetz	IASC arbeitet mit internationalen Experten zusammen	Zusammenwirken von SEC, FASB und AICPA
Vorschriften zur Bilanzierung	Vorschriften für alle Kaufleute: 3. Buch des HGB, 1. Abschnitt, §§ 238-263 zusätzliche Vorschriften für Kapitalgesellschaften: 3. Buch des HGB, 2. Abschnitt, §§ 264-335	die IAS gelten grundsätzlich für alle Unternehmen unabhängig von ihrer Rechtsform, sowohl im Einzel- als auch im Konzernabschluß	GAAP gelten als allgemeinverbindlich
Primärziel	Berechnung des ausschüttbaren Gewinns	Bereitstellen von Information, die helfen soll, ökonomische Entscheidungen zu treffen	Bereitstellen von Information, die helfen soll, ökonomische Entscheidungen zu treffen
primäre Aufgabe	Gläubigerschutz, Kapitalerhaltung	Investorschutz	Investorschutz
Zielgruppe	Kapitalgeber, Fiskus, andere schutzwürdige Parteien	Investoren, Arbeitnehmer, Kreditgeber, Zulieferer, Kunden, Staat (aber nicht zu Steuerzwecken), Öffentlichkeit	derzeitige und potentielle Investoren, Kreditgeber
Einfluß der Steuergesetzgebung	Maßgeblichkeit und umgekehrte Maßgeblichkeit	kein Einfluß	kein Einfluß
Elemente des Jahresabschlusses	Bilanz, GuV (UKV oder GKV), Anhang, Lagebericht	Bilanz, GuV (UKV oder GKV), Ausweis der erfolgsneutralen Eigenkapitalver-	Bilanz, GuV (UKV), Bilanzgewinnentwicklungsrechnung, Kapitalflußrech-

	HGB	IAS	US-GAAP
		änderungen, Gewinn pro Aktie, Kapitalflußrechnung, Anhang	nung, Gewinn pro Aktie, Anhang, Testat, zwingende Segmentberichterstattung
Formvorschriften	sehr detailliert	lediglich Empfehlungen	wirtschaftliche Betrachtungsweise (substance over form)
Konzepte			
Präsentation	exakt im Einklang mit gesetzlichen Vorschriften	fair und akkurat	wahr und fair
vorherrschen des Prinzips	Vorsichtsprinzip	periodengerechte Erfolgsermittlung	periodengerechte Erfolgsermittlung
Vorsichtsprinzip	▸ übergeordnetes Prinzip ▸ Regelung von Realisierung und Verlustantizipation ▸ Ertragsrealisierung an Marktrealisierung gebunden ▸ imparitätische Behandlung von Erfolgen ▸ Bildung stiller Reserven zulässig, soweit nicht willkürlich ▸ Ziel der Kapitalerhaltung	▸ untergeordnetes Prinzip (unter Zuverlässigkeit) ▸ Schätzregel ▸ Ertragsrealisierung vor Marktrealisierung möglich ▸ eingeschränkte imparitätische Behandlung von Erfolgen ▸ Bildung stiller Reserven verboten ▸ Ziel der umfassenden Information	▸ untergeordnetes Prinzip (unter Zuverlässigkeit) ▸ Schätzregel ▸ kommt häufiger vor als in den IAS ▸ Ertragsrealisierung vor Marktrealisierung möglich ▸ Bildung stiller Reserven verboten ▸ Ziel der umfassenden Information
Stetigkeitsprinzip	formelle Forderung, viele Ausnahmen	strenge Auslegung	strenge Auslegung
Interpretation der Gewinnrealisation	basierend auf dem Vorsichtsprinzp: Gewinnrealisation mit Abschluß der Transaktion	basierend auf der periodengerechten Erfolgsermittlung: percentage of completion method	basierend auf der periodengerechten Erfolgsermittlung: percentage of completion method
Prinzip der Bilanzierung			
Aktivierung	Vermögensgegenstand: keine gesetzliche Definition (statisches Konzept) ▸ selbständige Verkehrsfähigkeit ▸ selbständige Bewertbarkeit ▸ wirtschaftliches Gut Ausnahmen:	Asset: ▸ Ressource unter der Kontrolle des Unternehmens ▸ Ergebnis vergangener Ereignisse ▸ zukünftiger wirtschaftlicher Nutzen Ansatzkriterien:	Asset: (dynamisches Konzept) ▸ Ressource unter der Kontrolle des Unternehmens ▸ Ergebnis vergangener Ereignisse ▸ zukünftiger wirtschaftlicher Nutzen

	HGB	IAS	US-GAAP
	▸ Bilanzierungshilfen ▸ RAP	▸ Zufluß wahrscheinlich ▸ Kosten / Wert zuverlässig meßbar	Ansatzkriterien: ▸ Zufluß wahrscheinlich ▸ Kosten / Wert zuverlässig meßbar ▸ Entscheidungsrelevanz
Passivierung	Schulden: keine gesetzliche Defintion Verbindlichkeiten: ▸ rechtliche oder faktische Leistungsverpflichtung gegenüber Dritten ▸ am Bilanzstichtag dem Grunde und der Höhe nach entstanden ▸ eindeutig quantifizierbar ▸ wirtschaftliche Belastung Rückstellungen für: ▸ Innenverpflichtungen ▸ Außenverpflichtungen	liability: ▸ rechtliche oder faktische gegenwärtige Verpflichtung des Unternehmens gegenüber Dritten ▸ Ergebnis vergangener Ereignisse ▸ Erfüllung der Verpflichtung führt voraussichtlich zum Abfluß von assets Ansatzkriterien: ▸ Abfluß wahrscheinlich ▸ Kosten / Wert zuverlässig meßbar	liability: ▸ rechtliche oder faktische gegenwärtige Verpflichtung des Unternehmens gegenüber Dritten ▸ Ergebnis vergangener Ereignisse ▸ Erfüllung der Verpflichtung führt voraussichtlicht zum Abfluß von assets Ansatzkriterien: ▸ Abfluß wahrscheinlich ▸ Kosten / Wert zuverlässig meßbar ▸ Entscheidungsrelevanz
Ertrag	Erträge: bewertete Vermögensmehrungen der Periode Realisierungskriterien: Marktrealisierung	Income: Zunahme wirtschaftlichen Nutzens während einer Abrechnungsperiode ▸ revenue: Ergebnis der gewöhnlichen Geschäftstätigkeit ▸ gain: außerordentliche Erlöse Realisierungskriterien: ▸ Zufluß wahrscheinlich ▸ Wert zuverlässig meßbar	Income: Zunahme wirtschaftlichen Nutzens während einer Abrechnungsperiode ▸ revenue: Ergebnis der gewöhnlichen Geschäftstätigkeit ▸ gain: außerordentliche Erlöse Realisierungskriterien: ▸ Zufluß wahrscheinlich ▸ Wert zuverlässig meßbar
Aufwand	Aufwendungen: bewerteter Verbrauch von Gütern und Dienstleistungen während der Periode	Expenses: Abnahme wirtschaftlichen Nutzens während einer Abrechnungsperiode ▸ expenses: Aufwand aus der gewöhnlichen Geschäftstätigkeit ▸ losses: Aufwand aus der außergewöhnlichen Geschäftstätigkeit sowie außerplanmäßige Wertminderungen	Expenses: Abnahme wirtschaftlichen Nutzens während einer Abrechnungsperiode ▸ expenses: Aufwand aus der gewöhnlichen Geschäftstätigkeit Realisierungskriterien: ▸ Abfluß wahrscheinlich ▸ Kosten / Wert zuverlässig meßbar ▸ Versurachungsprinzip

	HGB	IAS	US-GAAP
		Realisierungskriterien: ▸ Abfluß wahrscheinlich ▸ Kosten / Wert zuverlässig meßbar ▸ matching principle (Aufwendungen sollen in der Periode verrechnet werden, in der die unmittelbar zugehörigen Erträge vereinnahmt werden)	▸ matching principle (Aufwendungen sollen in der Periode verrechnet werden, in der die unmittelbar zugehörigen Erträge vereinnahmt werden)
Bilanzpositionen			
Sachanlagen	Aktivierungspflicht für alle Vermögensgegenstände, die dazu bestimmt sind, dauernd dem Geschäftsbetrieb zu dienen	Aktivierungspflicht für materielle Gegenstände, die dem Betriebszweck dienen und voraussichtlich länger als ein Jahr genutz werden; künftiger wirtschaftlicher Nutzen muß erwartet weden und AK / HK** müssen meßbar sein	Aktivierungspflicht für alle Teile des materiellen Vermögens, die dem Unternehmen für mehr als ein Wirtschaftsjahr oder den *operating cycle* (Produktionszyklus) dienen
Leasing	keine spezifische Regelung: Leasinggegenstand muß in Bilanz des Eigentümers einfließen	Leasinggegenstand wird eingeschlossen in Bilanz des Eigentümers: ▸ *finance lease:* Ansatz durch Leasingnehmer ▸ *operating lease:* Ansatz durch Leasinggeber	Leasinggegenstand wird eingeschlossen in Bilanz des Eigentümers; *capital lease:* Ansatz durch Leasingnehmer ▸ *operating lease:* Ansatz durch Leasinggeber
Goodwill	a) selbstgeschaffener: Ansatz verboten b) erworbener: Ansatz optional	a) selbstgeschaffener: Ansatz verboten b) erworbener: Ansatzgebot	a) selbstgeschaffener: Ansatz verboten b) erworbener: Ansatzgebot
Anlauf- und Expansionsaufwand	Ansatz optional	Ansatzgebot, wenn es als Bereicherung von *assets* anerkannt wird	Ansatz optional
Aufwand für Gründung des Unternehmens und Kapitalbeschaffung	Ansatzverbot	Ansatzgebot, wenn es als Bereicherung von *assets* anwerkannt wird	Ansatz optional

	HGB	IAS	US-GAAP
Forschungskosten	Ansatzverbot	Ansatzverbot	Ansatzverbot
Entwicklungskosten	Ansatzverbot	Ansatzgebot, wenn fünf Kriterien erfüllt werden (s. Pkt. 4.1.1)	Ansatzverbot
andere selbst geschaffene immaterielle Vermögensgegenstände	Ansatzverbot	Ansatzgebot, wenn bestimmte Kriterien erfüllt wurden (s. Pkt. 4.1.)	Ansatz optional, wenn wirtschaftlicher Nutzen über die Periode hinaus zu erwarten ist und die Produktionskosten durch künftige Einnahmen gedeckt werden und der Grundsatz der Einzelidentifizierbarkeit erfüllt ist
Vorräte	Aktivierungspflicht für Roh-, Hilfs- und Betriebsstoffe, unfertige Erzeugnisse und Leistungen, fertige Erzeugnisse, Handelswaren und geleistete Anzahlungen	Aktivierungspflicht für Vermögensgegenstände, die im Rahmen der gewöhnlichen Geschäftstätigkeit verkauft werden sollen, die sich noch im Herstellungsprozeß befinden, um dann verkauft zu werden oder die im Herstellungs- und Leistungsprozeß verbraucht werden. (= in etwa HGB)	entspricht weitgehend der deutschen Rechnungslegung
Forderungen	Aktivierungspflicht für Recht auf Leistung bestimmter Zahlungen oder Gütertransaktionen	begriffliche Definition entspricht HGB	Unterteilung in kufri* und lafri* Positionen
Verbindlichkeiten	Passivierungspflicht für eindeutig quantifizierbare Leistungsverpflichtungen, deren Erfüllung den Schuldner wirtschaftlich belastet.	Liabilities sind nicht nur Verbindlichkeit gem. HGB, sondern auch ihrem Grund oder ihrer Höhe nach ungewisse Verbindlichkeit (nach HGB Rückstellungen). Der gesonderte Ausweis hat jedoch u erfolgen.	Liabilities sind zu untergliedern in kurz- und langfristige Positionen
Eigenkapital	Saldogröße aus Vermögen und Schulden. Gliederung: ▸ gezeichnetes Kapital ▸ Kapitalrücklage ▸ Gewinnrücklagen	Saldogröße aus Vermögen und Schulden. Kein festes Gliederungsschema, folgende Bestandteile sind gesondert auszuweisen:	Saldogröße aus Vermögen und Schulden. Gliederung: ▸ gezeichnetes Kapital (unterteilt in Vorzugs- und Stammaktien)

	HGB	IAS	US-GAAP
	▸ Ergebnisposten ▸ nicht durch Eigenkapital gedeckter Fehlbetrab	▸ Kapitalrücklagen ▸ Neubewertungsrücklagen ▸ ausschüttungsgesperrte Rücklagen ▸ Gewinnrücklagen ▸ Minderheitenanteile	▸ Kapitalrücklage ▸ Umrechnungsdifferenzen ▸ Gewinnrücklagen ▸ abzüglich eigene Aktien zu Anschaffungskosten
Rechnungs-abgrenzungs-posten (RAP)	Ansatzpflicht für Ausgaben vor dem Abschlußstichtag, soweit sie Aufwand für eine bestimmte Zeit nach diesem Tag darstellen (aktive RAP) und für Einnahmen vor dem Stichtag, sofern sie Ertrag für eine bestimmte Zeit nach diesem Tag darstellen (passive RAP)	Ansatzpflicht für Ausgaben vor dem Abschlußstichtag, soweit sie Aufwand für eine bestimmte Zeit nach diesem Tag darstellen (aktive RAP) und für Einnahmen vor dem Stichtag, sofern sie Ertrag für eine bestimmte Zeit nach diesem Tag darstellen (passive RAP)	Keine explizite Unterscheidung zwischen Vermögensgegenständen und RAP. Aufgrund es *matching principle* erfolgt die Abgrenzung für Aufwendungen, die über einen *operating cycle* hinaus für das Unternehmen nützlich sind (*deferred charges*). Transitorische RAP werden unter *„prepaid expenses"* im Umlaufvermögen ausgewiesen.
latente Steuern	beruhen auf Ansatz- und/oder Bewertungsunterschieden zwischen buchhalterischem und steuerlichem Ergebnis, die sich in den folgenden Perioden ausgleichen. ▸ Aktivierungswahlrecht bei zu erwartender Steuerrückerstattung ▸ Passivierungspflicht bei zu erwartender Mehrbelastung ▸ Saldierungswahlrecht	beruhen auf Ansatz- und / oder Bewertungsunterschieden zwischen buchhalterischem und steuerlichem ergebnis, die sich in den folgenden Perioden ausgleichen; außerdem können *temporary differences* die Ursache sein. (S. Pkt. 4.6.) ▸ Aktivierungspflicht bei zu erwartender Steuerrückerstattung ▸ Passivierungspflicht bei zu erwartender Mehrbelastung ▸ Saldierungswahlrecht nur gegenüber derselben Steuerbehörde	beruhen auf Ansatz- und/oder Bewertungsunterschieden zwischen buchhalterischem und steuerlichem Ergebnis, die sich in den folgenden Perioden ausgleichen; außerdem können *temporary differences* die Ursache sein. ▸ Bilanzierungspflicht für passivische wie aktivische latente Steuern.
Rückstellungen allgemein	§ 249 bestimmt Passivierungspflichten, -wahlrecht und -verbote	Rückstellungen ausschließlich für Verpflichtungen gegenüber Dritten (s. Pkt. 4.7.) Passivierungskriterien beachten	Rückstellungen ausschließlich für Verpflichtungen gegenüber Dritten Passivierungskriterien beachten

	HGB	IAS	US-GAAP
Pensionsrück stellungen	▸ Passivierungspflicht für alle seit 1987 gegebenen unmittelbaren Pensionszusagen, die auf einer Leistungsformel basieren. ▸ Passivierungwahlrecht für alle bis 1986 gegeben Pensionszusagen. ▸ Haftungspflicht für nicht gedeckte Ansprüche aus Unterstützungskasse = Passivierungswahlrecht	▸ Passivierungspflicht für sämtliche an eine Leistungsformel geknüpfte Pensionszusagen, für die die Kapitalbildung unternehmensintern durch Rückstellungsbildung erfolgt. ▸ Versorgungszusagen, die auf abgeführten Beiträgen an einen Versorgungsträger basieren, werden nicht passiviert; die Beiträge entsprechen dem Periodenaufwand.	▸ Passivierungspflicht für Pensionszusagen. ▸ Versorgungszusagen, die auf abgeführten Beiträgen an einen Versorgungsträger basieren, werden nicht passiviert; die Beiträge entsprechen dem Periodenaufwand. (Regelfall)
Aufwandsrückstellungen	▸ Rückstellungen für Erhaltungsaufwand geboten, sofern innerhalb der ersten drei Monate der nächsten Periode durchgeführt ▸ Rückstellungen für Erhaltungsaufwand erlaubt, sofern Arbeiten in der folgenden Periode ausgeführt werden	Passivierungsverbot	Passivierungsverbot
Finanzinstrumente	keine gesonderten Vorschriften	Beträge, Zeitpunkt und Wahrscheinlichkeit künftiger Zahlungen sind anzugeben	umfassende Regelung fehlt Empfehlungen zu einzelnen Instrumenten wurden erlassen
allgemeine Bewertungsprinzipien			
Grundsatz der Einzelbewertung	✓	✓	✓
Gruppenbewertung	zulässig	wird nicht besprochen	zulässig
Festwert	zulässig	unzulässig	unzulässig
Höchstwert	historische Kosten, Maximalwertmethode	historische Kosten, Maximalwertmethode (etliche Ausnahmen, Wahlrechte)	historische Kosten, Maximalwertmethode (wenige Ausnahmen)

	HGB	IAS	US-GAAP
Bewertungs-vereinfachungsverfahren	zulässig	FIFO, LIFO	FIFO, LIFO
Anschaffungskosten	Fixwertprinzip ▸ erwerben (+) ▸ in betriebsbereiten Zustand versetzen (+) ▸ Nebenkosten (+) ▸ nachträgl. Nebenkosten (+) ▸ Anschaffungspreisminderungen (-)	Fixwertprinzip ▸ erwerben (+) ▸ in betriebsbereiten Zustand versetzen (+) ▸ Nebenkosten (+) ▸ nachträgl. Nebenkosten (+) ▸ Anschaffungspreisminderungen (-)	Fixwertprinzip ▸ erwerben (+) ▸ in betriebsbereiten Zustand versetzen (+) ▸ Nebenkosten (+) ▸ nachträgl. Nebenkosten (+) ▸ Anschaffungspreisminderungen (-) ▸ zurechenbare Fremdkapitalzinsen (wenn *qualifying asset)* (+)
Herstellungskosten	Bestandteile: Pflicht: ▸ Materialeinzelkosten ▸ Fertigungseinzelkosten ▸ Sondereinzelkosten der Fertigung Wahlrechte: ▸ Materialgemeinkosten ▸ Fertigungsgemeinkosten ▸ Sondergemeinkosten der Fertigung ▸ anteilige Entwicklungs-, Konstruktions- und Versuchskosten ▸ planmäßige Abschreibungen ▸ Verwaltungskosten ▸ Aufwendungen für soziale Einrichtungen, freiwillige soziale Leistungen, betriebliche Altersversorgung, herstellungsbezogene Fremdkapitalzinsen Verbot: ▸ Fremdkapitalzinsen ▸ Vertriebskosten	Bestandteile: Pflicht: ▸ Materialeinzelkosten ▸ Fertigungseinzelkosten ▸ Sondereinzelkosten der Fertigung ▸ Materialgemeinkosten ▸ Fertigungsgemeinkosten ▸ Sondergemeinkosten der Fertigung ▸ anteilige Entwicklungs-, Konstruktions- und Versuchskosten ▸ Verwaltungs- und soziale Aufwendungen einschl. Altersversorgung, soweit fertigungsbezogen Wahlrecht: ▸ herstellungsbezogene Fremdkapitalzinsen Verbot: ▸ allgemeine Verwaltungs- und soziale Aufwendungen einschl. Altersversorgung ▸ sonstige Fremdkapitalzinsen ▸ Vertriebskosten	Bestandteile: Pflicht: ▸ Materialeinzelkosten ▸ Fertigungseinzelkosten ▸ Sondereinzelkosten der Fertigung ▸ Materialgemeinkosten ▸ Fertigungsgemeinkosten ▸ planmäßige Abschreibungen ▸ Fremdkapitalzinsen (wenn qualifying asset) Verbot: ▸ Vertriebskosten

	HGB	IAS	US-GAAP
Bewertungsmaßstäbe:			
– historische Kosten	✓	✓	✓
– Wiederbeschaffungskosten	nein	✓	✓
– Veräußerungswert	✓	✓	✓
– Gegenwartswert	✓	✓	✓
Wertaufholung	Pflicht (faktisch Wahlrecht)	Pflicht	Verbot
	Bewertung bestimmter Positionen		
Sachanlagen	Obergrenze: AK / HK** vermindert um die planmäßigen Abschreibungen	*benchmark:* fortgeführte AK / HK** *alternative method:* Neubewertung	Obergrenze: AK / HK** vermindert um die planmäßigen Abschreibungen
Immaterielle Vermögensgegenstände	historische oder Produktionskosten als Bewertungshöchstgrenze	▶ *benchmark:* aktueller Buchwert ▶ *alternative method:* Neubewertung	historische oder Produktionskosten als Bewertungshöchstgrenze
Vorräte	strenges Niederstwertprinzip	Bewertung absatzorientiert	strenges Niederstwertprinzip, jedoch ist die Untergrenze der realisierbare Veräußerungswert abzüglich Gewinnmarge
Forderungen	AK** oder niedrigerer beizulegender Wert	AK** oder niedrigerer beizulegender Wert	Bewertung nach dem im Zahlungszeitpunkt vermutlich zu erzielenden Geldbetrag
Lafri* Fertigungsaufträge	Realisierung erst bei Abschluß der Arbeiten *(completed contract method)*	Gewinnrealisierung mit Arbeitsfortschritt (*percentage of completion method*)	Gewinnrealisierung mit Arbeitsfortschritt (*percentage of completion method*)
Produktionskosten	Wahlrecht zwischen Teil- und Vollkosten	produktionsbezogene Vollkosten	produktionsbezogene Vollkosten
Verbindlichkeiten	zum Rückzahlungsbetrag	keine expliziten Vorschriften	▶ kufri* Verbindlichkeiten zum Rückzahlungsbetrag

	HGB	IAS	US-GAAP
			▶ lafri* Verbindlichkeiten zum Barwert
Rückstellungen	nach dem Wert, der angemessen scheint oberstes Gebot: Vorsichtsprinzip	nach dem wahrscheinlichsten Wert im Zweifel der niedrigste Wert	nach dem wahrscheinlichsten Wert im Zweifel der niedrigste Wert
Pensionsrückstellungen	▶ laufende Verpflichtungen gegenüber ausgeschiedenen Mitarbeitern: Barwert ▶ Verpflichtungen gegenüber noch im Arbeitsverhältnis stehenden Mitarbeitern: steuerliches Teilwertverfahren ▶ erwartete künftige Lohn- und Gehaltssteigerungen dürfen nicht berücksichtigt werden	▶ *benchmark:* Anwartschaftsbarwertverfahren (Endwert der bis zum Stichtag erdienten Ansprüche) ▶ *alternative method:* Anwartschaftsdeckungsverfahren (gleichmäßigere Aufteilung des Aufwands über die Perioden) ▶ künftige Lohn- und Gehaltssteigerungen sind zu berücksichtigen	▶ Anwartschaftsbarwertverfahren (Endwert der bis zum Stichtag erdienten Ansprüche)
Rechnungsabgrenzungsposten	zeitanteilige Bewertung zum Nominalwert	zeitanteilige Bewertung zum Nominalwert	historische AK / HK**
Wertpapiere	historische Kosten als Bewertungshöchstgrenze	▶ lafri* *investments:* aktueller Buchwert oder Neubewertung ▶ kufri* *investments:* aktueller Buchwert oder Marktpreis	Bewertung abhängig vom Wertpapiertyp
Fremdwährung (Fo/Verb)*'	Imparitätsprinzip (Ausnahme: kurzfristige fällige Posten)	Umrechnung zum Stichtagskurs	Umrechnung zum Stichtagskurs
Bildung stiller Reserven	substanzielles Ausmaß wegen hohen Ermessensspielraumes bei Bewertung von Vermögensgegenständen	weniger Wahlrechte (Ergebnis des *comparability / improvements project*), jedoch immer noch reichlich Spielraum	sehr wenig Wahlrechte
Zulässigkeit steuerlicher Abschreib.	Wahlrecht	Verbot	Verbot

* lafri = langfristig, kufri = kurzfristig
** AK = Anschaffungskosten, HK = Herstellungskosten
*' FO/Verb = Forderungen, Verbindlichkeiten

6. Überlegungen zur Einführung eines IAS-Abschlusses

Nicht alle Unternehmen sehen eine Veranlassung zum Wechsel ihres Jahresabschlusses von HGB zu IAS. Laut einer Umfrage, die im August 1997 veröffentlicht wurde, nutzen lediglich 34 Prozent der befragten Unternehmen das Shareholder-Value-Konzept als Leitbild bei allen unternehmerischen Entscheidungen und Kommunikationsprozessen.[58] Zwar reicht eine internationale Bilanzierung allein nicht aus, diesem nahezukommen. „Sie muß sinnvoll in eine Investor-Relations-Gesamtkonzeption eingebunden sein"[59], aber in jedem Fall sind sowohl die US-GAAP als auch die IAS von o.g. Konzept geprägt, so daß zunächst für die Unternehmen zu überprüfen ist, ob Handlungsbedarf besteht, das heißt folgende Fragen müssen geklärt werden:

- Wird managementorientierte Information verlangt und auch geliefert ?
- Wie ausgereift ist das Rechnungslegungsinstrumentarium?
- Ist das Unternehmen „up-to-date"?
- Wo besteht Anpassungsbedarf?
- Welches sind die Konsequenzen?[60]

Ist die Entscheidung für die Umstellung gefallen, erscheint es in Anlehnung an die Konzeption von Jacobi sinnvoll, eine bewußte gedankliche Trennung zu vollziehen und einzelne Phasen zu definieren, z.B. Konzept-, Gestaltungs-, Einführungs-, Start- und Checkphase.[61]

Konzeptphase

Zu Beginn muß geklärt werden, ob und wohin das Unternehmen wechseln will und alle damit verbundenen Nebeneffekte sind in Betracht zu ziehen. Der Rahmen muß abgesteckt werden, das heißt dies ist eine Managementaufgabe auf höchster Ebene.

Wichtige gedankliche Eckpfeiler in dieser Phase sind die Themen

- Investorbezug
- Unternehmensbewertung
- Kapitalbeschaffung
- Flexibilität bei Mergers/Acquisitions

Die IAS werden häufig als der „Mittelweg" zwischen den unvollständigen EG-Richtlinien und den aufwendigen US-GAAP gesehen. Positiv auf die Entscheidung für IAS wirkt sich die internationale Glaubwürdigkeit wie auch das Vorhandensein von Wahlrechten aus, negativ das Fehlen von Dokumentationen und Musterabschlüssen und die extrem hohe fachliche Anforderung.

Des weiteren ist zu entscheiden, ob die Rechnungslegung lediglich an die IAS angepaßt werden oder eine komplette Umstellung erfolgen soll und ob das interne Rechnungswesen leistungsfähig genug ist, den IAS – Ansprüchen zu genügen (z.B. *percentage-of-completion-method*).

Letztlich müssen die Aufgaben verteilt werden, das heißt wer ist in welcher Phase involviert und wer ist in welchem Teilabschnitt wofür verantwortlich? Der Zeithorizont muß abgesteckt und „Puffer" für check-ups und eventuelle Zweit- oder Drittanläufe eingeplant werden.

Als Ergebnisse der Konzeptphase sind die Prioritäten und der Rahmen klar durch das Top-Management definiert, die wichtigsten Änderungen umrissen, der Projektablauf vorge-zeichnet und die EDV-Konsequenzen analysiert.

Gestaltungsphase
Dieser Abschnitt hat zwei hauptsächliche Dreh- und Angelpunkte: Erstens die control – technische Seite und zweitens den EDV Aspekt.

Der Controller hat sich einzustellen auf die einzelnen IAS incl. des dazugehörigen Schrifttums, muß neue finanzielle Kennziffern erarbeiten und Schulungsmaterial vorbereiten.

Die EDV hat eine neue Software zu erstellen oder auszuwählen, die Anpassung von der alten auf eben diese neue Software zu vollziehen und ebenfalls Schulungsmaterial bereitzustellen.

Für beides scheinen Projektteams, die sich nach Möglichkeit untereinander auch personell austauschen, sinnvoll zu sein.

Einführungsphase
Die Phase ist geprägt von Workshops und „trouble – shooting". Es werden Testläufe und Schulungen durchgeführt, die Eröffnungsbilanz geplant und geklärt, wie die Umstellung an sich zu buchen ist. Wichtig ist, intern die Vergleichbarkeit mit den vergangenen Abschlüssen zu erhalten.

Start

Für einen gewissen Zeitraum „danach" müssen Übergangsregeln geschaffen sein. Die Kommunikation nach außen muß gewährleistet sein, beispielsweise durch Pressekonferenzen.

Hilfestellung und Problemlösungsschemata sollten existieren.

Checkphase

Extern zeigt sich der Erfolg der Umstellung am ersten publizierten Abschluß, der zweite beweist, ob die Daten stabil und vergleichbar sind, weswegen er der eigentliche Nachweis des Erfolges ist.

Intern spielen sich neue Meßgrößen ein, es entstehen neue Prioritäten und die Transparenz ist deutlich erhöht, was einen enormen Nutzen für die interne Führung darstellt.

Die Qualität der Information von IAS-Abschlüssen wird höher bewertet als die von HGB-Abschlüssen. Sie seien betriebswirtschaftlich aussagekräftiger[62], da das Prinzip der *fair presentation* im Vordergrund steht, keine fiskalischen Bilanzierungsvorschriften verzerren und weniger Wahlrechte bestehen.

Als Folge der Umstellung auf IAS wird weiter die Konvergenz von interner und externer Rechnungslegung genannt. Offen bleibt, wie dies bewertet wird.[63]

Durchaus existiert aber auch die Meinung, daß „die kritiklose Übernahme von IAS und deren Anwendung noch nicht die gewünschte Vergleichbarkeit der Abschlüsse garantiert" und daß „ein globales Grundverständnis in Fragen der Rechnungslegung zu erreichen, nur einer Institution gelingen kann, die sich unabhängig von nationalen Interessen und dem Einfluß nur eines Rechtskreises dieser Aufgabe stellt. Das trifft auf das International Standards Committee (noch) nicht zu."[64]

Wirtschaftsprofessor Pellens aus Münster vertritt die Ansicht, daß die deutschen Unternehmen in drei Lager „zerfallen" werden:[65]

1. solche, die wie Bayer, adidas oder Schering nach den IAS bilanzieren werden und sich aus der Zusammenarbeit des IASC mit dem IOSCO die weltweite Anerkennung der IAS als Börsenzulassungsstandards erhoffen,
2. solche, die wie die Telekom nach US-GAAP bilanzieren, da sie hinsichtlich des *listing* bei der NYSE „auf Nummer Sicher" gehen wollen,
3. solche, die die Entwicklung abwarten und zunächst an den HGB festhalten.

Pellens hält den „Wettlauf" zwischen IAS und US-GAAP jedoch für irrelevant, da sich beide in ihrer Zielsetzung stark ähneln und so weit vom HGB entfernt sind, daß dieses in seiner bestehenden Form langfristig zu einem „Nischenprodukt" werde.

7. Schlußbetrachtung

„Globale Geschäftstätigkeit erfordert internationale Verhaltensformen“[66], und da die IAS sich immer öfter als konzernweite Abrechnungssprache etablieren, stellen mehr und mehr Unternehmen auf diese Rechnungslegung um (Deutsche Bank, adidas, Puma, Alsen-Breitenburg, Merck).[67]

Teilweise herrscht die Befürchtung, daß mit den IAS-Regeln „das Chaos noch größer wird“.[68] Regelungslücken, fehlende Interpretationen, die Frage der Testat- und der Sanktionsbefugnis sowie die noch ungeklärte Haltung des SEC schrecken ab.[69]

Als die wesentlichsten Probleme sehen Unternehmen die Frage der Aufwandsrückstellungen, die Anwendbarkeit des Imparitätsprinzips bzw. des Vorsichtsprinzips[70] und in diesem Zusammenhang die Bildung stiller Reserven.[71]

Zwar hat Internationalität einen hohen Stellenwert bei weltweit operierenden Unternehmen, doch wird fallweise die Meinung vertreten, daß die Sicherheit des Bilanzansatzes und der Ausweis wirtschaftlich realisierter Gewinne Vorrang genießt. Die Überzeugung besteht, daß ein einheitliches nationales Bilanzrecht erhalten bleiben solle und ausländische Regeln nicht kritiklos zu übernehmen seien.[72]

Eine weitere Studie zeigt, daß die Mehrheit der deutschen Hochschulprofessoren und Führungskräfte der Wirtschaft den Jahresabschluß nach US-GAAP oder IAS befürworten. „Die Hochschullehrer als Pflicht, die Praktiker eher als Wahlrecht.“[73] 75 Prozent der befragten Professoren und (nur) 40 Prozent der Führungskräfte messen dem Abschluß nach US-GAAP einen höheren Informationswert zu als dem nach HGB.

Von der Schmalenbach-Gesellschaft wird eine Reform des deutschen Bilanzrechts gefordert[74], da das HGB international operierenden Unternehmen nicht mehr gerecht werde. Der Vorsitzende Coenenberg gibt den IAS als international verbindlichen Rechnungslegungsvorschriften den Vorzug, da die Möglichkeit der Einflußnahme bei diesen gegeben ist, während man im Falle des Übernehmens der US-GAAP die Regelungen der US-Amerikaner akzeptieren muß.

Führende Bilanzrechtler vertreten die Meinung, daß vor allem für die deutsche Praxis der „Stillen Reserven“ auf dem internationalen Parkett kein Platz sei.[75]

Gleichzeitig fordern sie die Konzerne auf, die IAS zu akzeptieren und somit die Europäische Kommission in ihren Bemühungen zu unterstützen. Der Vorsitzende der Deutschen Börse AG bemerkte in diesem Zusammenhang, daß der Markt nicht mehr dem Recht folge, sondern das Recht dem Markt, so daß nationale Statuten auf dem internationalen Markt keine Berechtigung mehr hätten.

Hinzu kommt, daß nach einer Analyse der Geschäftsberichte der 100 größten europäischen Unternehmen durch die Beratungsgesellschaft Peter Prowse lediglich die deutschen Abschlüsse bestehen konnten, die nach den IAS oder US-GAAP aufgestellt wurden. Als sehr gut wurden u.a. bezeichnet die Geschäftsberichte von Daimler-Benz, Veba (US-GAAP) und Bayer, BASF (IAS).[76] Diese Wertung drückt sehr deutlich aus, daß ein Jahresabschluß nach dem HGB nicht mehr zeitgemäß ist.

7.1 Akzeptanz der IAS

Die Analyse einer Umfrage des IASC in 67 Ländern ergab folgendes Bild:[77]

Die IAS als nationale Rechnungslegungsvorschriften nutzen:

Kroatien, Kuwait, Lettland, Malta, Oman, Pakistan, Trinidad & Tobago, Zypern, Malaysia*, Papua Neuguinea*

Modifiziert und den örtlichen Gegebenheiten angepaßte IAS gelten in:

Albanien, Bangladesch, Barbados, Jamaica, Jordanien, Kenia, Kolumbien, Polen, Sambia, Sudan, Swaziland, Thailand, Uruguay, Zimbabwe

Auf den IAS basierende oder ihnen ähnliche Rechnungslegungsvorschriften haben entwickelt:

China, Iran, Philippinen, Slowenien, Tunesien

Diese Länder fügen ihren nationalen Vorschriften jeweils ein mit den IAS vergleichendes Dokument an:

Australien, Dänemark, Hongkong, Italien, Jugoslawien, Neuseeland, Schweden

Nationale Rechnungslegungsvorschriften, die großteils den IAS ähneln, oft aber andere Wahlrechte zulassen und die IAS nicht erwähnen, sind in Kraft in:

Brasilien, Frankreich, Indien, Irland, Litauen, Mauritius, Mexico, Namibia, Niederlande, Norwegen, Portugal, Schweiz, Singapur, Slowakei, Südafrika,Tschechien, Türkei

Eigenständige nationale Rechnungslegungsvorschriften gelten in:

Belgien, Deutschland, Finnland, Großbritannien, Japan, Kanada, Korea, Luxemburg, Spanien, USA, Österreich

Die IAS werden in der Regel angewandt in:

Botswana, Lesotho

Von den Börsen in Amsterdam, Frankfurt, Hongkong, London, Luxemburg, Thailand, Rom und Zürich werden die IAS akzeptiert.

* mit eigenen Ergänzungen

Anhang

Beispiel für eine ausführliche Bilanz

ABC Corporation
Balance Sheet
December 31, 1996

Assets		
Current assets:		
Cash and bank deposits		
Restricted to current bond maturity	$ XXX	
Unrestricted	$ XXX	$ XXX
Short-term investments		
Marketable equity securities		$ XXX
Marketable debt securities		$ XXX
Refundable income taxes		$ XXX
Receivables from associates		$ XXX
Accounts receivable	$ XXX	
Less allowance for doubtful accounts	($ XXX)	$ XXX
Notes receivable due in 1997	$ XXX	
Less notes receivable discounted	($ XXX)	$ XXX
Dishonored notes receivable		$ XXX
Installment notes due in 1997		$ XXX
Interest receivable	$ XXX	
Creditors' accounts with debit balances	$ XXX	
Advances to employees	$ XXX	
Inventories (carried at lower of cost or market by FIFO):		
Finished goods	$ XXX	
Work in process	$ XXX	
Raw materials	$ XXX	$ XXX
Prepaid expenses:		
Prepaid rent	$ XXX	
Prepaid insurance	$ XXX	$ XXX
Total current assets		
	$ XXX	

Long-term investments:		
Investments in equity securities		$ XXX
Investments in bonds		$ XXX
Investments in equity securities (at cost, plus equity in undistributed net earnings since acquisition)		$ XXX
Investment in unused land and facilities		$ XXX
Cash surrender value of officers' life inssurance policies	$ XXX	
Sinking fund for bond retiremnet		$ XXX
Plant expansion fund		$ XXX
Total long-term investments		$ XXX
Property, plant and equipment:		
Land		$ XXX
Buildings		$ XXX
Machinery and equipment		$ XXX
Furniture and fixtures		$ XXX
Leasehold improvements		$ XXX
Less accumulated depreciation and amortization		($ XXX)
Total property, plant and equipment		
$ XXX		
Intangible assets net of amortization:		
Excess of cost over net assets of acquired businesses (goodwill)		$ XXX
Patents	$ XXX	
Trademarks	$ XXX	
Organization costs		$ XXX
Total intangible assets, net		
$ XXX		
Other assets:		
Installment notes due after 1997		$ XXX
Unamortized bond issue costs		$ XXX
Total other non-current assets		
$ XXX		
Total assets		
$ XXX		

Liabilities and Stockholders' Equity

Current liabilities:		
Commercial paper and other short-term notes		$ XXX
Accounts payable $ XXX		
Salaries, wages and comission		$ XXX
Taxes withheld from employees		$ XXX
Income taxes payable		$ XXX
Dividends payable		$ XXX
Rent revenue collected in advance	$ XXX	
Other advances from customers		$ XXX
Current portion of long-term debt		$ XXX
Current obligations under capital leases		$ XXX
Deferred tax liability		$ XXX
Short-term portion of accrued warranty		$ XXX
Other accrued liabilities		$ XXX
Total current liabilities $ XXX		
Noncurrent liabilities:		
Notes payable due after 1997	$ XXX	
Plus unamortized note premium	$ XXX	$ XXX
Long-term bonds:		
10 Prozent debentures due 2012	$ XXX	
9.5 Prozent collateralized obligations maturing serially to 1998	$ XXX	
8 Prozent convertible subordinated debentures due 2012	$ XXX	
Less unamortized discounts net of premiums	($ XXX)	$ XXX
Accrued pension cost		$ XXX
Obligations under capital leases		$ XXX
Deferred tax liability		$ XXX
Long-term portion of accrued warrenty		$ XXX
Total noncurrent liabilities		$ XXX
Total liabilities **$ XXX**		

Share capital:		
$ 12.50 convertible preference shares stock, $ 100 stated value, 200,000 shares authorized, 175,000 outstanding	$ XXX	
12 Prozent preferrence shares, $ 100 stated value, callable at $ 115, 100,000 shares authorized and outstanding	$ XXX	
Equity shares, $ 10 stated value, 500,000 shares authorized, 450,000 issued, 15,000 held in treasury	$ XXX	
Equtiy shares subscibed 10,000 shares	$ XXX	
Less: subscriptions receivable	($ XXX)	$ XXX
Additional paid-in capital:		
From 12 Prozent cumulative preferrence	$ XXX	
From equity shares	$ XXX	
From treasury stock transactions	$ XXX	
From stock dividends	$ XXX	
From expiration of stock options	$ XXX	
Warrants outstanding	$ XXX	$ XXX
Retained earnings:		
Approprated for bond indebtedness	$ XXX	
Free and unappropriated	$ XXX	$ XXX
Less: Treasury stock at cost	($ XXX)	
Net unrealized loss on available-for-sale securities	($ XXX)	
Unrealized loss from foreign currency translation	($ XXX)	
Excess of minimum pension liability over unrecognized prior service cost	($ XXX)	($ XXX)
Total stockholders' equity		
$ XXX		
Total liabilities and stockholders' equity		
$ XXX		

Quelle: Epstein, Mirza: IAS 97, N.Y. u.a. 1997, S. 44 ff.

Konsolidierte Bilanz

MuhKuh AG
Konsolidierte Bilanz
zum 31.12.19X2
(in TDM)

	19X2	19X2	19X1	19X1
ASSETS				
Langfristige Vermögensanlagen	x		x	
Sachanlagen	x		x	
Immaterielle Vermögensgegenstände	x		x	
Goodwill	x		x	
Investments in assoziierte Unternehmen	x		x	
Andere *financial assets*	x	xx	x	xx
Umlaufvermögen				
Vorräte	x		x	
Forderungen aus Lieferung und Leistung und sonstige Forderungen	x		x	
Vorauszahlungen	x		x	
Zahlungsmittel	x		x	
Andere *financial assets*	x	xx	x	xx
Summe *assets*		**xx**		**xx**
Equity and Liabilities				
Eigenkapital und Rücklagen				
Eigenkapital	x		x	
Rücklagen	x		x	
Akkumulierte Gewinne (Verluste)	x	xx	x	xx
Minderheitenanteile		xx		xx
Langfristige Verbindlichkeiten				
Verzinsliche Verbindlichkeiten	x		x	
Andere *financial liabilities*	x		x	
Rückstellungen	x	xx	x	xx
Kurzfristige Verbindlichkeiten				
Verbindlichkeiten aus Lieferung und Leistung und sonstige Verbindlichkeiten	x		x	
Überziehungskredite	x		x	
Andere *financial liabilities*	x	xx	x	xx
Summe *Equity and Liabilities*		**xx**		**xx**

Quelle: Epstein, Mirza: IAS 97, N.Y. u.a. 1997, S. 48

Zum Vergleich:
Bilanz des Daimler-Benz-Konzerns von 1996 nach US-GAAP

	1996	1995
AKTIVA		
Immaterielle Anlagewerte	1.951	630
Sachanlagen	18.225	16.576
Vermietete Gegenstände	11.941	9.700
Finanzanlagen	3.536	4.813
Vorräte	13.602	14.329
Forderungen	38.875	34.272
Wertpapiere	9.783	9.025
Zahlungsmittel	4.557	3.151
Latente Steuern und Rechnungsabgrenzungsposten	9.991	9.602
	112.461	**102.098**
PASSIVA		
Eigenkapital	26.393	22.860
Anteile im Fremdbesitz	936	1.324
Rückstellungen	34.886	33.681
Verbindlichkeiten	46.669	40.072
Latente Steuern und Rechnungsabgrenzungsposten	3.577	4.161
	112.461	**102.098**

Beispiel zur Erstellung eines cashflow statement

MuhKuh Ltd.
Bilanzen
vom 31.12.1996 und vom 31.12 1995
(Angaben in DM)

	1996	1995
ASSETS		
Zahlungsmittel	3.000	1.000
Forderungen	5.000	2.500
Vorräte	2.000	1.500
Ingangsetzungsaufwendungen	1.000	1.500
Forderungen an assoziierte Unternehmen	19.000	19.000
Sachanlagen	12.000	22.500
akkumulierte Abschreibungen	(5.000)	(6.000)
Sachanlagen, netto	7.000	16.500
Summe *assets*	**37.000**	**42.000**
LIABILITIES		
Verbindlichkeiten	5.000	12.500
Einkommenssteuer	2.000	1.000
Steuerrückstellungen	3.000	2.000
Summe *liabilities*	**10.000**	**15.500**
SHAREHOLDERS' EQUITY		
Aktienkapital	6.500	6.500
Gewinnrücklagen	20.500	20.000
Summe *shareholders' equity*	**27.000**	**26.500**
Summe *liabilities and shareholders' equity*	**37.000**	**42.000**

MuhKuh Ltd.
GuV
zum 31.12.1996
(Angaben in DM)

Umsatzerlöse	30.000
Zurechenbare Herstellungskosten	(10.000)
Bruttoergebnis der gewöhnlichen Geschäftstätigkeit	20.000
Verwaltungs- und Vertriebskosten	(2.000)
Zinsaufwand	(2.000)
Abschreibung auf Sachanlagen	(2000)
Amortisation der Ingangsetzungsaufwendungen	(500)
Einkünfte aus *Investments*	2000
Nettoeinkommen vor Steuern und außerordentlichen Posten	15.500
Außerordentlicher Posten	1.000
Nettoeinkommen nach außerordentlichen Posten	16.500
Einkommensteuer	(4000)
Nettoeinkommen	12.500

Folgende Zusatzinformation ist für die Erstellung der Kapitalflußrechnung relevant:

1. Anlage mit einem Nettobuchwert von DM 7.500, die Anschaffungskosten betrugen DM 10.500, wurde für DM 7.500 verkauft.
2. Es handelt sich ausschließlich um unbare Verkäufe.
3. Das Unternehmen erhielt Bardividenden von DM 2.000 aus *investments*, die im Jahr 1996 als Einkommen in der GuV erfaßt wurden.
4. Das Unternehmen erhielt DM 1.000 vom Staat als Abfindung für einen Enteignungs-vorgang, der als außerordentlicher Posten erfaßt wurde.
5. Das Unternehmen hat DM 12.000 erklärt und als Dividende ausgeschüttet.
6. Der Zinsaufwand für das Jahr betrug DM 2.000 und wurde unterjährig voll gezahlt. Sämtliche angefallene Verwaltungs- und Vertriebskosten wurden unterjährig bezahlt.
7. Die Einkommensteuer für 1996 betrug DM 4.000, wovon das Unternehmen im laufenden Jahr als Schätzung bereits DM 2.000 bezahlt hatte.

Zur Vereinfachung der Aufstellung kann folgendes *worksheet* benutzt werden:

Cashflow Worksheet

	1996	1995	Differenz	gewöhnl. Geschäft	Investitions tätigkeit	Finanz. tätigkeit	Zahlungs-mittel
Zahlungsmittel	3.000	1.000	2.000				2.000
Forderungen	5.000	2.500	2.500	(2.500)			
Vorräte	2.000	1.500	500	(500)			
Ingangsetz.aufwand	1.000	1.500	(500)	500			
FO an Assoziierte	19.000	19.000	0				
Sachanlagen	7.000	16.500	(9.500)	2.000	7.500		
Verbindlichkeiten	5.000	12.500	7.500	(7.500)			
Einkommensteuer	2.000	1.000	1.000	1.000			
Steuerrückstellungen	3.000	2.000	1.000	1.000			
Aktienkapital	6.500	6.500	0				
Gewinnrücklagen	20.500	20.000	500	10.500	2.000	(12.000)	
				4.500	9.500	(12.000)	2.000

MuhKuh Ltd.
Kapitalflußrechnung (direkte Methode)
für das Jahr 1996
(Angaben in DM)

Cashflow aus der gewöhnlichen Geschäftstätigkeit		
Einzahlungen von Kunden	27.500	
Auszahlungen an Lieferanten, Mitarbeiter	(20.000)	
Mittel aus laufender Geschäftstätigkeit, saldiert	7.500	
Zinszahlungen	(2.000)	
Einkommensteuerzahlungen	(2.000)	
Cashflow vor außerordentlichen Posten	3.500	
Abfindung vom Staat	1.000	
Netto Cashflow aus laufender Geschäftstätigkeit		**4.500**
Cashflow aus Investitionstätigkeit		
Einzahlung aus Anlagenverkauf	7.500	
Einzahlung aus Dividendeneinkünften	2.000	
Netto Cashflow aus Investitionstätigkeit, saldiert		**9.500**
Cashflow aus Finanzierungstätigkeit		
Ausschüttungen	(12.000)	
Cashflow aus Finanzierungstätigkeit, saldiert		**(12.000)**
Nettoerhöhung des Bestandes an liquiden Mitteln		2.000
Bestand liquider Mittel zu Beginn des Geschäftsjahres		1.000
Bestand liquider Mittel am Ende des Geschäftsjahres		3.000

Die Rechnungsschritte im Einzelnen:
(Angaben in DM)

Einzahlungen von Kunden			
Unbare Zahlungen		30.000	
plus: Forderungen zu Jahresbeginn		2.500	
minus: Forderungen am Jahresende		(5.000)	
Kundeneinzahlungen während des Jahres			**27.500**
Auszahlungen an Lieferanten, Mitarbeiter			
Zurechenbare Herstellungskosten		10.000	
minus: Vorräte zu Jahresbeginn		(1.500)	
plus: Vorräte am Jahresende		2.000	
plus: Verbindlichkeiten zu Jahresbeginn		12.500	
minus: Verbindlichkeiten am Jahresende		(5.000)	
plus: Verwaltungs- und Vertriebskosten		2.000	
Auszahlungen an Lieferanten, Mitarbeiter während des Jahres			**20.000**
Zinszahlungen			2.000
Einkommensteuerzahlungen			
Steueraufwand während des Jahres		4.000	
plus: zu zahlende Einkommensteuer zu Jahresbeginn		1.000	
plus: Steuerrückstellungen zu Jahresbeginn		2.000	
minus: zu zahlende Einkommensteuer am Jahresende	(2.000)		
minus: Steuerrückstellungen am Jahresende	(3.000)		
Auszahlungen für Einkommensteuer			**2.000**
Einzahlung aus staatlicher Abfindung		1.000	
Einzahlung aus Verkauf von Anlagen			7.500
Einzahlung aus Dividendeneinkünften			2.000
Dividendenausschüttung (Auszahlung)			(12.000)

MuhKuh Ltd.
Kapitalflußrechnung (indirekte Methode)
für das Jahr 1996
(Angaben in DM)

Cashflow aus gewöhnlicher Geschäftstätigkeit		
Jahresüberschuß vor Steuern vom Einkommen und außerordentlichen Posten	15.000	
Korrekturen für		
Abschreibungen	2.000	
Amortisation von Ingangsetzungskosten	500	
Beteiligungserträge	(2.000)	
Zinsaufwand	2.000	
Betriebsergebnis vor Veränderungen des *working capital*	18.000	
Erhöhung der Forderungen	(2.500)	
Erhöhung der Vorräte	(500)	
Verminderung der Verbindlichkeiten	(7.500)	
Cashflow aus betrieblichen Tätigkeiten	7.500	
Zinszahlungen	(2.000)	
Einkommensteuerzahlungen	(2.000)	
Cashflow vor außerordentlichen Posten	3.500	
Mittelzufluß aus außerordentlichen Posten (staatliche Abfindung)	1.000	
Cashflow aus gewöhnlicher Geschäftstätigkeit, saldiert		**4.500**
Cashflow aus Investitionstätigkeit		
Einzahlung aus Anlagenverkauf	7.500	
Einzahlung aus Dividendeneinkünften	2.000	
Cashflow aus Investitionstätigkeit, saldiert		**9.500**
Cashflow aus Finanzierungstätigkeit		
Ausschüttungen	(12.000)	
Cashflow asu Finanzierungstätigkeit, saldiert		**(12.000)**
Nettoerhöhung des Bestandes an liquiden Mitteln		2.000
Bestand liquider Mittel zu Beginn des Jahres		1.000
Bestand liquider Mittel am Ende des Geschäftsjahres		3.000

Quelle: Epstein, Mirza: IAS 97, N. Y. u. a. 1997, S. 104 ff.

Zum Vergleich:
Cashflow Statement des Daimler Benz Konzerns nach US-GAAP

	1996	1995
Konzernergebnis	2.762	(5.729)
Abschreibungen auf das Anlagevermögen	4.908	8.661
Abschreibungen auf vermietete Gegenstände	2.018	2.444
Veränderung der latenten Steuern	(1.572)	(2.566)
Veränderung der Finanzinstrumente	392	(77)
Veränderung der Rückstellungen	876	3.417
Veränderung Working Capital	1.809	(476)
Sonstiges	(990)	(219)
Cashflow aus der Geschäftstätigkeit	**10.203**	**5.455**
Zugänge zum Anlagevermögen	(6.633)	(5.394)
Zugänge zu vermieteten Gegenständen	(6.101)	(5.205)
Erlöse aus Anlagenabgängen	976	1.086
Erlöse aus Abgang vermieteter Gegenstände	2.537	2.369
Erwerb von Beteiligungen	(462)	(2.162)
Erlöse aus Abgang von Beteiligungen	1.107	15
Erwerb von Wertpapieren (o. Handelspapiere)	(1.319)	(928)
Verkäufe von Wertpapieren (o. Handelspapiere)	1.126	337
Veränderung der Forderungen aus Finanzdienstleistungen	(3.125)	(2.102)
Veränderung sonstiger Geldanlagen	(260)	1.242
Cashflow aus der Investitionstätigkeit	**(12.154)**	**(10.742)**
Veränderung kurzfristiger Fremdfinanzierung	4.915	2.932
Aufnahme langfristiger Verbindlichkeiten	2.678	4.322
Tilgung von Finanzverbindlichkeiten	(5.675)	(1.687)
Gezahlte Dividenden	(10)	(580)
Kapitalerhöhungen	294	97
Cashflow aus der Finanztätigkeit	**2.202**	**2.283**
Einfluß von Wechselkursänderungen auf die Zahlungsmittel (< 3 Monate)	101	(143)
Veränderung der Zahlungsmittel (< 3 Monate)	352	(3.147)
Zahlungsmittel (< 3 Monate) Jahresanfang	**2.868**	**6.015**
Zahlungsmittel (< 3 Monate) Jahresende	**3.220**	**2.868**

Beispiel zur Umrechnung ausländischer Jahresabschlüsse

Sachverhalt:
Ein US-Unternehmen betreibt seit 1996 eine 100 Prozentige Tochter in Deutschland. Die Geschäftstätigkeit des Tochterunternehmens besteht aus Mietraum in einem Bürogebäude. Dieses Gebäude kostete TDM 500 und wurde vornehmlich von deutschen Banken finanziert. Alle Einnahmen und Ausgaben werden in DM gezahlt, die Bücher in DM-Beträgen geführt.

Deshalb hat das Management des US-Unternehmens beschlossen, daß die Abschlüsse der deutschen Tochter so behandelt und übersetzt werden sollen, als ob sie keine *foreign operation,* sondern eine *foreign entity* sei.

Die Bilanz und die GuV des Tochterunternehmens für das Jahr 1996 stellen sich wie folgt dar:

Deutsche Gesellschaft
Bilanz
erstellt zum 31.12.1996
(Angaben in TDM)

ASSETS		**LIABILITIES and STOCKHOLDERS' EQUITY**	
Liquide Mittel	50	Verbindlichkeiten	30
Forderung	20	RAP Miete	10
Grundstück	100	Hypothek	400
Gebäude	500	Stammkapital	40
Abschreibung, akkumuliert	(10)	Kapitalrücklagen	160
		Gewinnrücklagen	20
Summe Aktiva	**660**	**Summe Passiva**	**660**

Deutsche Gesellschaft
Kombinierte GuV und Gewinnverwendungsrechnung
für das Jahr 1996
(Angaben in TDM)

Erlöse	200
Geschäftsaufwand (incl. Abschreibungen)	170
Nettoeinkommen	30
Gewinnrücklagen am 01.01.1996	0
Ausschüttungen	(10)
Gewinnrücklagen am 31.12.1996	20

Die Wechselkurse des Jahres:
- Jahresbeginn: 1.– DM = 0,40 $ (Stammkapital wurde emittiert, Grundstück und Gebäude durch Hypothek finanziert)
- gewogener Durchschnitt für 1996: 1.– DM = 0,43 $
- am Tag als die Dividendenausschüttung beschlossen und die Miete im Voraus eingenommen wurde: 1.– DM = 0,42 $
- Jahresende: 1.– DM = 0,45 $

Lösung:
Da die Tochtergesellschaft als *foreign entity* behandelt wird, gilt IAS 21.

Deutsche Gesellschaft
Überleitung der Bilanz
erstellt zum 31.12.1996

	TDM	Wechselkurs	TU$
ASSETS			
Liquide Mittel	50	0,45	22,50
Forderung	20	0,45	9,00
Grundstück	100	0,45	45,00
Gebäude, netto	490	0,45	220,50
Summe Aktiva	**660**		**297,00**
LIABILITIES and STOCKHOLDERS' EQUITY			
Verbindlichkeiten	30	0,45	13,50
RAP Miete	10	0,45	4,50
Hypothek	400	0,45	180,00
Stammkapital	40	0,40	16,00
Kapitalrücklagen	160	0,40	64,00
Gewinnrücklagen	20	s. GuV	8,70
Summe Passiva	**660**		**297,00**

Deutsche Gesellschaft
Überleitung der kombinierten GuV und Gewinnverwendungsrechnung
für 1996

	TDM	Wechselkurs	TU$
Erlöse	200	0,43	86,00
Geschäftsaufwand (incl. Abschreibungen)	(170)	0,43	(73,10)
Nettoeinkommen	30		12,90
Gewinnrücklagen am 01.01.1996	0		0
Ausschüttungen	(10)	0,42	(4,20)
Gewinnrücklagen am 31.12.1996	20		8,70

Deutsche Gesellschaft
Kapitalflußrechnung
für 1996

	TDM	Wechselkurs	TU$
Gewöhnliche Geschäftstätigkeit			
Nettoeinkommen	30	0,43	12,90
Korrekturen zur Überleitung von Nettoeinkommen zu Nettokapitalzufluß aus gewöhnlicher Geschäftstätigkeit			
Abschreibungen	10	0,43	4,30
Erhöhung der Forderungen	(20)	0,43	(8,60)
Erhöhung der Verbindlichkeiten	30	0,43	12,90
Erhöhung der RAP	10	0,42	4,20
Nettokapitalzufluß aus gewöhnlicher Geschäftstätigkeit	60		25,70
Investitionstätigkeit			
Kauf des Grundstück	(100)	0,40	(40)
Kauf des Gebäudes	(500)	0,40	(200)
Nettokapitalabfluß durch Investitionstätigkeit	(600)		(240)
Finanzierungstätigkeit			
Grundkapital	200	0,40	80,00
Hypothek	400	0,40	160,00
Ausschüttung	(10)	0,42	(4,20)
Nettokapitalzufluß aus Finanzierungstätigkeit	590		235,80
Erhöhung des Bestandes an liquiden Mitteln	50		22,50
Bestand an liquiden Mitteln zu Jahresbeginn	0		0
Bestand an liquiden Mitteln am Jahresende	50	0,45	22,50

Folgende Punkte sollte bei der Anwendung der current rate method beachtet werden:

- *Assets* und *liabilities* werden zu den Wechselkursen am Bilanzstichtag umgerechnet (1.– DM = $ 0,45). Erlöse und Aufwendungen sollen zu den Kursen umgerechnet werden, die an den Tagen galten, als die Posten realisiert wurden. Aus Praktikabilitätserwägungen wird jedoch häufig der gewogene Durchschnitt (1.– DM = $ 0,43) zur Umrechnung von Aufwand und Ertrag benutzt.
- *Stockholders' equity* Konten werden zu historischen Wechselkursen umgerechnet. Das Grundkapital wurde zu Beginn des Jahres ausgegeben, als der Wechselkurs 1.– DM = $ 0,40 betrug. Der umgerechnete Saldo der Gewinnrücklagen beruht auf dem gewogenen Durchschnittskurs, der für Aufwand und Ertrag angewandt wurde und dem spezifischen Wechselkurs am Tag als die Dividenden beschlossen wurden (1.– DM = $ 0,42).

Quelle: Epstein, Mirza: IAS 97, N. Y. u. a. 1997, S. 653 ff.

Beispiel zur Darstellung von Stockholders' Equity

Die folgende Illustration ist ein Beispiel für eine Finanzdarstellung wie sie in der Sektion „stockholders' equity" gefordert werden könnte.

Abschnitt „stockholders' equity" einer Bilanz:

Aktienkapital	DM	DM
Vorzugsaktien, DM 100 Nennwert, 7 Prozent kummulativ, 30.000 Aktien bewilligt, ausgegeben und in Umlauf		3.000.000
Stammkapital, kein Nennwert, angegebener Wert DM 10 pro Aktie, 500.000 Aktien bewilligt, 415.000 Aktien ausgegeben		4.150.000
Summe Aktienkapital		7.150.000
Kapitalrücklage		
Ausgabepreis über Nennwert (Vorzugsaktien)	150.000	
Ausgabepreis über angegebenem Wert (Stammkapital)	845.000	995.000
Summe Aktienkapital plus Kapitalrücklage		8.145.000
„Stiftungs"kapital (*donated capital*)		100.000
Gewinnrücklagen		
Zweckgebunden für Unternehmenserweiterung	2.100.000	
Nicht zweckgebunden	2.275.000	4.375.000
Summe Kapital plus Gewinnrücklagen		12.620.000
Abzüglich 10.000 Aktien in Unternehmensbesitz zu Anschaffungskosten		(120.000)
Summe stockholders' equity		**12.500.000**

Aufschlüsselung der Gewinnrücklagen

	DM
Saldo zu Beginn des Geschäftsjahres	3.800.000
Vorperiodliche Korrektur eines Fehlers in der Abschreibungsmethodik (abzüglich des Steuereffektes von DM 77.000)	115.000
Korrigierter Saldo zu Jahresbeginn	3.915.000
Nettojahreseinkommen	748.000
Beschlossene Ausschüttungen	
Vorzugsaktien	(210.000)
Stammkapital	(78.000)
Saldo zum Ende des Geschäftsjahres	4.375.000

Quelle: Epstein, Mirza: IAS 97, N. Y. u. a. 1997, S. 539 ff.

Beispiel zur Berechnung des EPS (einfache Kapitalstruktur)

Zählerinformation:

- Einkommen aus ordentlicher Geschäftstätigkeit vor außergewöhnlichen Posten: DM 130.000
- Außerordentliche Verluste (netto, ohne Steuer): DM 30.000
- Nettoeinkommen: DM 100.000
- 6 Prozent kummulative Vorzugsaktien, DM 100 Nennwert, 1.000 Aktien ausgegeben und in Umlauf

Nennerinformation:

- Stammkapitalaktien in Umlauf am 01.01.1996: 100.000
- Aktien ausgegeben gegen liquide Mittel am 01.04.1996: 20.000
- Ausgegebene Aktien zu 10 Prozent Dividende, beschlossen im Juli 1996: 12.000
- Aktien in den Unternehmensbesitz gekauft am 01.10.1996: 10.000

Bei der Berechnung des Zählers müssen etwaige Ansprüche von sog. *senior securities*, wie z.B. Vorzugsaktien, abgezogen werden, um die Summe zu bestimmen, die den „normalen" Aktionären zusteht.

In diesem Beispiel sind die Vorzugsaktien kummulativ, so daß die Eigentümer derselben in jedem Fall einen Anspruch von DM 6.000 aus den Gewinnen haben (1.000 Aktien x DM 100 x 6 Prozent), egal, ob eine Vorzugsdividende beschlossen wird oder nicht. das heißt, daß DM 6.000 abgezogen werden müssen, um den verteilbaren Gewinn zu bestimmen.

Rückständige kummulative Vorzugsdividenden finden keinen Eingang in die Berechnung, da sie in vorhergehenden Perioden beachtet werden mußten.

Im Falle von nicht kummulativen Vorzugsaktien hätten die DM 6.000 nur abgezogen werden müssen, wenn eine Dividende dieser Höhe in der Abrechnungsperiode beschlossen worden wäre.

EPS für die Stammkapitalaktie:

Für Einkommen aus der gewöhnlichen Geschäftstätigkeit vor außerordentlichen Posten = (DM 130.000 – DM 6.000) : in Umlauf befindliche Stammaktien = DM 1,00

Für Nettoeinkommen =
(DM 100.000 – DM 6.000) **:** in Umlauf befindliche Stammaktien = DM 0,76

Die Berechnung des Zählers basiert auf der durchschnittlichen Anzahl (gewogener Durchschnitt) der in Umlauf befindlichen Aktien. (Der einfache gewogene Durchschnitt wird auf-grund der Komplexität der Sachlage nicht als geeignet angesehen.) Folgende Tabelle zeigt eine Art, die Anzahl der in Umlauf befindlichen Aktien per gewogenem Durchschnitt zu berechnen:

Posten	Tatsächliche Anzahl der in Umlauf befindlichen Aktien	Ausstehende Monate des Jahres	Aktien mal Bruchteile (Monate) des Jahres
Anzahl der Aktien zu Jahresbeginn 1996	110.000 (100.000 + 10 Prozent (100.000)	12/12	110.000
Aktien ausgegeben am 01.04.1996	22.000 (20.000+10 Prozent (20.000)	9/12	16.500
Unternehmenseigene Aktien, gekauft am 01.10.1996	(10.000)	3/12	(2.500)
Anzahl der sich im Umlauf befindlichen Stammaktien im gewogenen Durchschnitt			124.000

Die im Juli erklärte Gewinnausschüttung wird retrospektiv, das heißt als zu Beginn des Jahres beschlossen angesehen. Das bedeutet, daß für die Zeit Januar bis April (1.1.–1.4.) 110.000 Aktien als in Umlauf befindlich gelten.

Wenn Aktien ausgegeben werden, werden sie in die gewogene Durchschnittberechnung vom Tag ihrer Ausgabe an einbezogen. Die entsprechende Dividendenausschüttung gilt als existent ab dieser Zeit. Hier sind 10.000 der 12.000 Aktien von Beginn an berechtigt und 2.000 Aktien sind Neuemissionen. (10 Prozent von 100.000 bzw. 20.000).

Der Kauf von Aktien durch das Unternehmen verringert die Zahl der Aktien, die in die Berechnung eingehen ab dem Tag des Kaufs.

Es besteht das Wahlrecht DM 0,24 Verlust pro Aktie (DM 30.000 **:** 124.000) anzugeben. Oben berechnete Zahlen sind die einzigen, die im Zusammenhang mit dem EPS in der GuV angegeben werden müssen.

Quelle: Epstein, Mirza: IAS 97, N. Y. u. a. 1997, S. 574 ff.

Anmerkungen

1 vgl. Epstein / Mirza, IAS 97 – Interpretation and Application of International Accounting Standards 1997, New York 1997, S. 1
2 vgl. Epstein / Mirza, a. a. O., S. 3
3 Koeder, Jahresabschluß, Vorlesung an der FH Mainz, 12.04.94
4 vgl. Epstein / Mirza, a. a. O., S. 6
5 vgl. o. V., Rechnungslegung im Wandel, bei WSF Wirtschaftsseminare Frankfurt, Frankfurt 12.04.97, S. 3
6 vgl. Küting, Jahresabschlüsse sind für die Aktionäre da, FAZ, 14.10.96
7 vgl. Epstein / Mirza, a. a. O., S. 7
8 vgl. Grund, Internationale Entwicklung und Bilanzrecht – Reform oder Resignation?, Der Betrieb, Jahrgang 1996, S. 1294
9 vgl. Haller, Die Rolle des IASC bei der weltweiten Harmonisierung der externen Rechnunglegung, in: Der Betrieb, Jahrgang 1993, S. 1305
10 vgl. Haller, a. a. O., S. 1305
11 s. hierzu besonders: Küting / Hayn, Der internationale Konzernabschluß als Eintrittskarte zum internationalen Kapitalmarkt, in: Betriebsberater 1995, S. 662
Grund, Internationale Entwicklung und Bilanzrecht – Reform oder Resignation?, Betriebsberater 1996, S. 1293
Biener, Wie kann in Deutschland das Problem divergierender Abschlüsse im In- und Ausland gesetzgeberisch gelöst werden, bei Finanzveranstaltungen Handelsblatt, Düsseldorf 12.06.1995
Lückmann, US-Börsen pochen auf heimisches Recht, Handelsblatt 01.12.1996
Küting, Jahresabschlüsse sind für die Aktionäre da, FAZ 14.10.1996
Baetge, Harmonisierung der Rechnungslegung – haben die deutschen Rechnungslegungsvorschriften noch eine Chance?, in: Internationalisierung der Wirtschaft, Schmalenbachgesellschaft Deutsche Gesellschaft für Betriebswirtschaft e.V. (Hrsg.), 1993
12 vgl. Hahn, Aktuelle Fragen der internationalen Rechnungslegung, Seminar an der Universität GH Essen, 05.02.97, S. 1
13 vgl. o. V., Rechnungslegung im Wandel, bei WSF Wirtschaftsseminare Frankfurt, Frankfurt 12.04.97, S. 5
14 vgl. Lückmann, Schlüssel für die weltweiten Kapitalmärkte, Handelsblatt, 02.12.96

15 Am 23.11.1995 teilte die Kommission der EU mit, daß künftig neue Rechtsvorschriften bzw. Änderungen bestehender Vorschriften vermieden werden sollen. Standpunkt der EU Komission ist es, die Richtlinien-kompetenz nicht ausländischen Standardsettern zu überlassen. Sie unterstützt den IASC. Der Kontaktausschuß der EU Kommission hat in der 1996 veröffentlichten Studie „An examination of the conformity between the International Accounting Standards and the European Accounting Directives" festgestellt, daß der Anwendung der IAS in ihrer Fassung, Stand November 1995, mit zwei Ausnahmen, die jedoch nicht ins Gewicht fallen, nichts entgegen steht.
16 ausführlich hierzu z. B., Coenenberg, Jahresabschluß und Jahresabschlußanalyse, Landsberg 1994
17 vgl. IASC Insight, October 1997, S. 16
18 vgl. Demming, US-amerikanische Rechnungslegung, in: Internationale Rechnungslegung, hrsg. v. Gräfer / Demming, Stuttgart 1994, S. 244
19 vgl. Wollmert/Achleitner, Konzeptionelle Grundlagen der IAS Rechnungslegung, in: Die Wirtschaftsprüfung Nr. 8, 15.04.97, S. 246
20 vgl. Förschle / Kroner / Mandler, Internationale Rechnungslegung, Bonn 1996, S. 4
21 vgl. Wiegand, Internationalisierung der Rechnungslegung, Hauptseminar C&L Deutsche Revision, Vortrag vom 29.10.96
22 vgl. Küting/ Eidel, Ansatzpunkte einer internationalen Jahresabschlußanalyse, Blick durch die Wirtschaft, 25.04.97, S. 11
23 vgl. Küting / Eidel, a. a. O.
24 vgl. Küting / Eidel, a. a. O.
25 vgl. Küting / Eidel, a. a. O.
26 vgl. Küting / Eidel, a. a. O.
27 vgl. Coenenberg, a. a. O.., S. 54
28 vgl. Steckel / Klausner, Ansatz und Bewertung von derivativen Finanzinstrumenten nach US-GAAP, in: Die Wirtschaftsprüfung Heft 12/ 1997, S. 392
29 vgl. Steckel/Klausner, a. a. O., S. 394
30 vgl. Steckel/Klausner, a. a. O., S. 391
31 vgl. BMF – Schreiben: IV B/2 – S 2170 – 31/71, IV B 2 – S 2170 – 161/75, IV B 2 – S 2170 – 115/91, sowie BMWF – Schreiben: F/IV B 2 – S 2170 – 11/72
32 s. hierzu: Reichertz / Frey, Bilanzierung von Leasingverträgen nach US-GAAP, in: Die Wirtschaftsprüfung Heft 19 / 1997, S. 662 ff.
33 vgl. Freericks, Bilanzierungsfähigkeit und Bilanzierungspflicht in Handels- und Steuerbilanz, Köln. u. a. 1976

34 s. hierzu: Adler / Düring / Schmaltz, Rechnungslegung und Prüfung der Unternehmen, Band I bis III, 5. Aufl., Stuttgart 1992
35 vgl. Küting / Eidel, a. a. O.
36 s. hierzu: Ahrend / Förster / Rößler, Steuerrecht der betrieblichen Alterversorgung mit arbeitsrechtlicher Grundlegung, 8.Teil, 4. Aufl., Köln 1995
37 vgl. Adler / Düring / Schmaltz, a. a. O., S. 664 ff.
38 zu den verschiedenen Umrechnungsverfahren s.: Coenenberg, a. a. O.., S. 386 ff.
39 vgl. 82/121/EWG: Richtlinie des Rates über regelmäßige Informationen, die von Gesellschaften zu veröffentlichen sind, deren Aktien zur amtlichen Notierung an einer Wertpapierbörse zugelassen sind. Amtsblatt EG, Nr. L 48 vom 20.02.1982
40 vgl. Förschle/ Helmschrott, Die Zwischenberichterstattung nach US-GAAP, IAS und HGB, in: Die Wirtschaftsprüfung Heft 16/ 1997, S. 557
41 vgl. Förschle / Helmschrott, a. a. O., S. 557
42 vgl. Haller, a. a. O., S. 1298
43 vgl. Fey/ Schruff, Das Standing Interpretations Committee (SIC) des International Accounting Standards Committee, in: Die Wirtschaftsprüfung Heft 17 / 1997, S. 586
44 vgl. Epstein / Mirza, a. a. O., S. 21
45 vgl. Wollmert / Achleitner, Die Wirtschaftsprüfung Nr. 7, 01.04.1997., S. 215
46 vgl. Wollmert/ Achleitner, a. a. O., S. 216
47 vgl. Epstein / Mirza, a. a. O., S. 25
48 siehe hierzu ausführlicher: Förschle/ Kroner/ Mandler, a.a.O., S. 57
49 vgl. Epstein / Mirza, a. a. O. S. 53
50 vgl. Wollmert/ Achleitner, a. a. O., S. 217
51 vgl. Coenenberg, Jahresabschluß und Jahresabschlußanalyse, Landsberg/ Lech, 94, S. 530 ff.
52 vgl. Küting / Eidel, Harmonisierung der Erfolgszahlen, Blick durch die Wirtschaft, 06.06.97, S. 11
53 vgl. Küting/ Eidel, a. a. O.
54 vgl. Kieso / Weygandt, Intermediate Accounting, 8. Edition, N. Y. u. a. 1995, S. 1121
55 vgl. Hahn, Aktuelle Fragen der internationalen Rechnungslegung, Seminar an der Universität GH Essen, 05.02.1997, S. 14
56 vgl. Hahn, a. a. O., S. 14
57 vgl. Rößler / Kaether / Schmandt, Rechnungslegung über Pensionsverpflichtungen in Deutschland nach FAS und IAS, Der Betriebsberater, 1997, S. 1191-1198

58 vgl. o. V., Shareholder Value ist in Deutschland noch in der Startphase, FAZ, 26.08.97, S. 19
59 vgl. Lückmann, a. a. O.
60 vgl. Jacobi, Praktische Erfahrungen mit der Einführung eines IAS-Abschlusses, bei Finanzveranstaltung des Handelsblatt, Düsseldorf 12.06.1995, S. 1623
61 vgl. Jacobi, a. a. O., S. 1625 ff.
62 vgl. Hahn, a. a. O., S. 7
63 vgl. Menn, Praktische Erfahrungen mit der Bilanzierung nach internationalen Grundsätzen, WSF Wirtschaftsseminare Frankfurt, Frankfurt 12.04.1997, S. 21
64 vgl. Grund, a. a. O., S. 1295
65 vgl. Lückmann, a. a. O.
66 vgl. Menn, Anpassung an internationale Bilanzierungsusancen im Rahmen der IAS, bei Finanzveranstaltung des Handelsblatt, Düsseldorf 12.06.1995, S. 1
67 vgl. Förschle, Die Abgrenzung der IAS von den US-GAAP und den deutschen GoB, Vortrag Hauptseminar Universität Köln, WS 96/97, S. 4
68 vgl. Kleber, International Accounting Standards, bei WSF Wirtschaftsseminare Frankfurt, Frankfurt 12.04.1997, S. 1
69 vgl. Kleber, a. a. O., S. 15
70 vgl. o.V.: Die Wirtschaftsprüfer sehen das Vorsichtsprinzip gefährdet, in: Frankfurter Allgemeine Zeitung 06.10.1997
71 vgl. Menn, a. a. O., S. 11
72 vgl. Menn, a. a. O., S. 13
73 vgl. Busse von Colbe, Zur Internationalisierung der Konzernrechnungslegung deutscher Unternehmen, WPK, August 96, S. 137
74 vgl. o. V.: Betriebswirte fordern eine Reform des deutschen Bilanzrechts, in: Frankfurter Allgemeine Zeitung 30.09.1997
75 vgl. o. V.: Wirtschaftsprüfer skeptisch über neues Konzernbilanzrecht, in: Frankfurter Allgemeine Zeitung 02.10.1997
76 vgl. o. V.: Deutsche Geschäftsberichte werden langsam besser, in: Frankfurter Allgemeine Zeitung 21.11.1997
77 vgl. IASC Insight, October 1997, S. 15

Literaturverzeichnis

Achleitner, A.-K.; Pejic, P.: Des Abschlusses neue Kleider, in: Der Betrieb, Heft 41 vom 11.Oktober 1996, S. 2037-2043

Achleitner, A-K.; Kleekämper, H.: „Presentation of Financial Statements“ – Das Reformprojekt des IASC und seine Auswirkungen, in: Die Wirtschaftsprüfung, Heft 4, 1997, S. 117-126

Adler; Düring; Schmaltz: Rechnungslegung und Prüfung der Unternehmen, Band I bis III, 5. Aufl., Stuttgart 1992

Ahrend; Förster; Rößler: Steuerrecht der betrieblichen Altersversorgung mit arbeitsrechtlicher Grundlegung, 8.Teil, 4.Aufl., Köln 1995

Baetge, J.: Harmonisierung der Rechnungslegung – haben die deutschen Rechnungslegungsvorschriften noch eine Chance?, in: Internationalisierung der Wirtschaft. Schmalenbachgesellschaft Deutsche Gesellschaft für Betriebswirtschaft e.V. (Hrsg.), Jahrgang 1993

Biener, H.: Internationalisierung des Bilanzsteuerrechts – Was wird auf uns zukommen?, in: Deutsche Steuer-Zeitung, Nr. 11, 01. Juni 1997, S. 345-356

Biener, H.: Wie kann in Deutschland das Problem divergierender Abschlüsse im In- und Ausland gesetzgeberisch gelöst werden?, bei: Finanzveranstaltung des Handelsblatt, Düsseldorf 12. Juni 1995

Busse von Colbe, W.: Zur Internationalisierung der Konzernrechnungslegung deutscher Unternehmen, in: Zeitschrift für Berufspolitik, Berufsrecht und berufliche Praxis, August 1996, S. 137-143

Coenenberg, A.: Jahresabschluß und Jahresabschlußanalyse, 15. Aufl., Landsberg/Lech 1994

Delaney, P.; Epsein, B.; Adler, J.; Foran, M.: GAAP 97 – Interpretation and Application of Generally Accepted Accounting Principles 1997, New York 1997

Demming: US-amerikanische Rechnungslegung, in: Internationale Rechnungslegung, hrsg. v. Gräfer/ Demming, Stuttgart 1994

Dicken, A.: Fallstudie zum Vergleich der Bilanzierung nach HGB und IAS, C&L Deutsche Revision, Hauptseminar WS 1996/97

Epstein, B.; Mirza, A.: IAS 97 – Interpretation and Application of International Accounting Standards, New York u.a. 1997

Fey, G.; Schruff, W.: Das Standing Interpretations Committee (SIC) des International Accounting Standards Committee, in: Die Wirtschaftsprüfung, Heft 17, 1997, S. 585-595

Förschle, G.; Kroner, M.; Mandler, U.: Internationale Rechnungslegung: US-GAAP, HGB und IAS, 2. Aufl., Bonn 1996

Förschle, G.; Helmschrott, H.: Die Zwischenberichterstattung nach US-GAAP, IAS und HGB, in: Die Wirtschaftsprüfung, Heft 16, 1997, S. 553-560

Freericks, W.: Bilanzierungsfähigkeit und Bilanzierungspflicht in Handels- und Steuerbilanz, Köln u.a. 1976

Geiger, K.: German Accounting Revolution, Keinwort Benson Research (Hrsg.), Frankfurt 1996

Grjasnowa, A.; Ziemann, W.: Die Standards der Rechnungslegung in synoptischer Darstellung: Deutschland, Russische Föderation, International Accounting Standards, Moskau 1997

Grund, M.: Internationale Entwicklung und Bilanzrecht – Reform oder Resignation?, in: Der Betrieb, Heft 26 vom 28.Juni 1996, S. 1293-1296

Hahn: Aktuelle Fragen der internationalen Rechnungslegung, Vortrag im Seminar von Prof. Dr. Quick an der Universität Essen, 05. Februar 1997

Haller, A.: Die Rolle des International Accounting Standards Committee bei der weltweiten Harmonisierung der externen Rechnungslegung, in: Der Betrieb, Jahrgang 1993

Hauck, A., Michel, U.: Neue Vorschriften zur Bilanzierung latenter Steuern in den USA, in: Die Wirtschaftsprüfung, Heft 15-16, 1992, S. 451-455

IASC Insight, The Newsletter of the International Standards Committe, Issues October 1997, June 1997, IASC (Hrsg.), London

IASC Updates, Board Decisions on International Accounting Standards, Issues January 1997, April 1997, July 1997, IASC (Hrsg.), London

International Accounting Standards 1997 (The full text of all International Accounting Standards extant at 1 January 1997 and current Exposure Drafts.), IASC (Hrsg.), London

Jacobi, M.: Praktische Erfahrungen mit der Einführung einer IAS-Abschlusses, Vortrag bei Handelsblatt Finanzveranstaltungen, Düsseldorf, 12. Juni 1995

Kieso, D. E.; Weygandt,J. J.: Intermediate Accounting, 7th ed., New York u. a. 1992

Kleber, H.: International Accounting Standards, Vortrag bei WSF-Wirtschaftsseminare Frankfurt, 12. April 1997

Küting, K.: Jahresabschlüsse sind für die Aktionäre da, in: Frankfurter Allgemeine Zeitung, 14. Oktober 1996

Küting, K.; Eidel, U.: Ansatzpunkte einer internationalen Jahresabschlußanalyse, in: Blick durch die Wirtschaft, 25. April 1997

Küting, K.; Eidel, U.: Harmonisierung der Erfolgszahlen, in: Blick durch die Wirtschaft, 06. Juni 1997

Küting, K.; Hayn, S.: Der internationale Konzernabschluß als Eintrittskarte zum internationalen Kapitalmarkt, in: Betriebsberater, Jahrgang 1995

Lückmann, R.: Schlüssel für die weltweiten Kapitalmärkte, in: Handelsblatt, 01. Dezember 1996

Lückmann, R.: US-Börsen pochen auf heimisches Recht, in: Handelsblatt, 12. Dezember 1996

Menn, B. J.: Anpassung an internationale Bilanzierungsusancen im Rahmen der IAS, Vortrag bei Handelsblatt Finanzveranstaltungen, Düsseldorf, 12. Juni 1995

Menn, B. J.: Praktische Erfahrungen mit der Bilanzierung nach internationalen Grundsätzen, Vortrag bei WSF-Wirtschaftsseminare Frankfurt, 12. April 1997

Müller, W.; Völker, E.: International Accounting Standards, WSF-Wirtschaftsseminar, 22. April 1997, Bad Homburg

Reichertz, R.; Frey, D.: Bilanzierung von Leasingverträgen nach US-GAAP, in: Die Wirtschaftsprüfung, Heft 19, 1997, S. 662-675

Rößler, N.; Kaether, F.; Schmandt,E.: Rechnungslegung über Pensionsverpflichtungen in Deutschland nach FAS und IAS, in: Der Betriebs-Berater, 1997, S. 1191-1198

Steckel, R.; Klausner, R.: Ansatz und Bewertung von derivativen Finanzinstrumenten nach US-GAAP, in: Die Wirtschaftsprüfung, Heft 12, 1997, S. 391-395

Wangemann, B.: Die Berücksichtigung ungewisser Verpflichtungen innerhalb der US-amerikanischen Rechnungslegung, in: Die Wirtschaftsprüfung, Heft 6, 1997, S. 194-200

Williams, J.: Miller GAAP Guide 1997, New York 1997

Wollmert, P.; Achleitner, A.-K.: Konzeptionelle Grundlagen der IAS-Rechnungslegung, in: Die Wirtschaftsprüfung, Heft 7, 1997, S. 209 – 222 / Heft 8, 1997, S. 245-256

o. V.: Shareholder Value ist in Deutschland noch in der Startphase, in: Frankfurter Allgemeine Zeitung vom 26. August 1997, S. 18

o. V.: Rechnungslegung im Wandel, Wirtschaftsseminar 12. April 1997 Frankfurt

o. V.: IAS-Grundsätze zwischen HGB und US-GAAP (C&L Deutsche Revision, Hrsg.), Wiegand-Seminar, 29. Oktober 1996

o. V.: Wirtschaftsprüfer skeptisch über neues Konzernbilanzrecht, in: Frankfurter Allgemeine Zeitung, 02. Oktober 1997, S. 20

o. V.: Die Wirtschaftsprüfer sehen das Vorsichtsprinzip gefährdet, in: Frankfurter Allgemeine Zeitung, 06. Oktober 1997, S. 24

o. V.: Betriebswirte fordern eine Reform des deutschen Bilanzrechts, in: Frankfurter Allgemeine Zeitung, 30. September 1997

o. V.: Deutsche Geschäftsberichte werden langsam besser, in: Frankfurter Allgemeine Zeitung, 21. November 1997